내 맘대로 그리는

캐릭터 이모티콘

with 프로크리에이트

내 맘대로 그리는
캐릭터 이모티콘 with 프로크리에이트

1판 1쇄 발행 2024년 1월 2일
1판 2쇄 발행 2024년 11월 30일

지은이 이지원
펴낸이 장성두
펴낸곳 주식회사 제이펍

출판신고 2009년 11월 10일 제406-2009-000087호
주소 경기도 파주시 회동길 159 3층 / **전화** 070-8201-9010 / **팩스** 02-6280-0405
홈페이지 www.jpub.kr / **투고** submit@jpub.kr / **독자문의** help@jpub.kr / **교재문의** textbook@jpub.kr

소통기획부 김정준, 이상복, 안수정, 박재인, 송영화, 김은미, 배인혜, 권유라, 나준섭
소통지원부 민지환, 이승환, 김정미, 서세원 / **디자인부** 이민숙, 최병찬

기획 및 진행, 교정·교열 배인혜 / **표지 및 내지 디자인** nu:n
용지 타라유통 / **인쇄** 한길프린테크 / **제본** 일진제책사

ISBN 979-11-92987-63-7 (13000)
책값은 뒤표지에 있습니다.

제이펍은 여러분의 아이디어와 원고를 기다리고 있습니다. 책으로 펴내고자 하는 아이디어나 원고가 있는 분께서는
책의 간단한 개요와 차례, 구성과 지은이/옮긴이 약력 등을 메일(submit@jpub.kr)로 보내 주세요.

정답은 없어!

내 맘대로 그리는

캐릭터 이모티콘

with 프로크리에이트

만들면서 실력이 쌓이는
현직 작가의 솔직담백 노하우!

끄적끄적 낙서처럼
내 맘대로 그릴래요

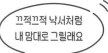

지렁(이지원) 지음

Jpub
제이펍

안녕하세요. 저는 '지렁이네'라는 캐릭터 브랜드를 운영하고 있는 지렁 작가 이지원이라고 합니다. 대학교 수업 시간, 공책 한편에 끄적이던 낙서들이 차곡차곡 쌓여서 지금의 '지렁이네'가 탄생했습니다. 브랜드는 2019년부터 운영했으니 벌써 6년 차가 되었네요!

처음에 캐릭터 브랜드를 시작할 때는 가벼운 마음이었습니다. 사업을 일구고 싶다는 거창한 다짐이 아니라, '나중에 취업을 하면 아침마다 일찍 일어나서 출근을 하겠지? 혼자서 일하면서 돈을 버는 방법이 없을까?'라는 생각으로 시작했습니다.

비록 가벼운 마음으로 시작했고, 낙서 같은 캐릭터와 그림이지만 어느덧 많은 사람에게 사랑을 받다 보니 더없는 창작의 기쁨을 느낍니다. 뿌듯한 마음과 애정이 차곡차곡 쌓여서 이제 '지렁이네' 캐릭터 식구들과 저는 떼려야 뗄 수 없는 사이가 되었습니다.

저는 예전부터 낙서 같은 그림을 많이 그렸습니다. 그래서 이모티콘 책을 준비하면서 여러분이 저의 캐릭터를 보고 혹시 그림 실력에 자신 없더라도 '나도 할 수 있겠다!'고 생각할 수 있도록 돕고 싶었습니다. 이 책을 덮으면 바로 도전할 수 있도록 아주 쉽게 내용을 구성하고자 노력했습니다.

이모티콘은 단순히 예쁘게 그렸거나 누가 봐도 귀여운 캐릭터라고 성공하는 분야가 아니라고 생각합니다. 이모티콘은 사용자의 '감정'을 표현하고 대화하는 상대방의 '공감'을 이끌어 내는 이미지로 만든 문자이기 때문입니다. 부디 여러분이 저의 이야기를 통해 용기를 얻어서 내가 만든 캐릭터와 함께 돈을 버는 즐거움을 느끼셨으면 좋겠습니다. 이모티콘 작가를 꿈꾸는 여러분에게 첫발을 내딛는 계기가 되기를 바랍니다!

지렁(이지원) 드림

캐릭터 인사

지렁이네 캐릭터를 소개합니다. 자신의 특징을 닮은 캐릭터를 만들면 평소에도 즐겁게 작업할 수 있고, 일상에서 자주 쓰는 이모티콘을 만들 때 대화를 상상하기도 수월합니다. 여러분도 자신의 개성을 떠올리며 캐릭터 이모티콘을 만들어 보세요! 이제 시작할까요?

대고

대충 생긴 대략적 고양이. 일은 조금만 하면서 느긋하게 살고 싶은데 어쩐지 일복이 많다. 딱히 일이 없을 때는 되도록 누워서 모든 걸 해결하지만, 맛있는 음식 소식을 들으면 어디든지 적극적으로 돌진한다. 언젠가 부지런히 헬스장을 다니며 몸짱이 되기를 꿈꾼다.

대략쿼카

집을 사랑하는 최강 집순이. 밖에 나갈 생각만 해도 한숨부터 나온다. 애착 잠옷은 고쟁이 바지다. 휴대폰만 있다면 굳이 친구랑 만나지 않아도 1년은 거뜬히 버틸 수 있다고 상상하지만 가장 친한 대고에게는 비밀! 가끔 맛있는 음식 냄새를 맡은 대고가 놀러 오면 없는 척 숨어 있다가 바스락 소리를 내서 딱 걸린다.

대햄이 & 골든찌

사이좋은 햄스터 커플! 데이트를 하면 번갈아 늦는 환상의 짝꿍이다. 연애 버라이어티를 보면서 심각하게 말다툼을 하다가도 둘 중에 한 햄스터가 신나는 음악을 틀면 둠칫둠칫 커플 댄스를 춘다. 대햄이의 수족냉증이 심해서 날씨가 추워지면 둘이 꼭 붙어서 온기를 나눈다.

LETTER SNS와 온/오프라인 강의에서 자주 받았던 질문과 답변을 담았습니다.

제안을 하면서 이모티콘 실력도 쌓아요!

저는 이 책을 집필할 날짜를 기준으로 카카오와 네이버에 총 12개의 미승인된 작품의 수가 어마어마하답니다. 현재 카카오 이모티콘에 미승인

∧ 미승인 88건

NOTE 알아 두면 좋을 정보나 초보자가 짚고 넘어갈 만한 고민거리를 묶어서 정리했습니다.

NOTE 미승인/승인 여부를 빠르게 확인하는 법

카카오에 제안을 하면 2~4주 후에 아래와 같은 메일이 옵니다. 열심히 승인 메일을 기다리는 게 너무 길게 느껴질 때도 있습니다. 특히 처음 제 왔다 갔다 할 수도 있습니다. 승인 여부를 조금이라도 빠르게 확인하는 !

모션 확인 QR 코드 저자의 유튜브 채널에 게시된 짧은 영상으로 내용을 더 쉽게 이해할 수 있습니다.

22 완성본을 확인합니다.

TIP 실수하기 쉬운 내용이나 도움이 되는 간단한 조언을 소개합니다.

프로크리에이트에서 글자 레이어를 맨 위나, 맨 아래 배치해서 어떤 레이어인지 알기 쉽게 해 줍니다.

예제 파일 플랫폼 제안을 위한 최종 파일화에 필수인 포토샵 예제 파일을 제공합니다.

글자에 테두리 효과 만들기

준비물: 프로크샵 예제 파일_후렌조.psd

1 먼저 포토샵으로 파일을 불러옵니다. 아직 만든 파일이 없다면 예제 파일을 후렌.psd로 연습해 보세요. 예제 파일에서는 [레이어] 탭에서 각 그룹의 위쪽에 있는 레이어 1, 레이 어 17, 레이어 8에 '뿅뿅'이라고 나오는 글자 레이어입니다.

1. 영감 떠올리기

이모티콘으로 만들고 싶은 아이디어를 떠올려
보세요. 자신의 하루를 돌아보거나 친구와 나눈
대화 등 일상 속의 모든 순간이 영감이 됩니다.

관련 페이지 p. 106

2. 이모티콘 시장 분석하기

이모티콘 트렌드를 살펴보세요. 꾸준히 순위권에
있는 이모티콘의 특징과 최근 출시되는
이모티콘을 나만의 기준으로 분석합니다. 어떤
콘셉트로 이모티콘을 만들고 싶은지 고민해
보세요. 관련 페이지 p. 096

- -> 최종 파일화

포토샵으로 이모티콘 상품화를 위한 최종
파일을 만듭니다. 플랫폼에서 사용할 홍보용
이미지도 함께 제작합니다. 트렌드에 민감한
콘셉트라면 최종 파일화를 서두르세요.

7. 출시

이모티콘이 출시되면 본격적인 작가 활동을
시작할 수 있습니다. 출시된 이모티콘
캐릭터의 다음 시리즈를 구상합니다. 친구나
지인 등 주변 사람들에게 이모티콘 출시를
알립니다.

- - - 6-2. 승인

작가 데뷔! 이모티콘 플랫폼과 판매 계약을
합니다. 플랫폼마다 세부 규정이 다르니
꼼꼼하게 확인하세요. 관련 페이지 p. 222

8. 캐릭터 홍보하기

캐릭터 이모티콘의 장점은 꾸준히 홍보할 콘텐츠를 만들기 좋다는 점! 틱톡에 유행하는 밈으로 캐릭터 영상을
만들거나 캐릭터의 성격을 보여주는 인스타툰을 올리며 사람들과 소통합니다. 소규모 팬덤이 형성되면 스티커
등 굿즈를 만들 수도 있습니다. 캐릭터를 꾸준히 홍보할수록 이모티콘은 더 오래 사랑받을 수 있습니다.

관련 페이지 p. 243

3. 캐릭터 그리기

신나는 캐릭터 창작 시간! 애정을 듬뿍 담아서
캐릭터를 만들어 보세요. 이모티콘으로 쓸
캐릭터는 작은 채팅창에서 한눈에 보여야
합니다. 관련 페이지 p. 074, 086

4. 이모티콘 만들기

이모티콘 콘셉트를 잘 표현하도록 캐릭터를
그려 보세요. 태블릿이나 드로잉 툴이
익숙해지면 틈틈이 작업하기 편합니다.
콘셉트와 잘 어울리는 감정과 문구를 표현해
보세요. 관련 페이지 p. 115, 163, 172

6-1. 미승인

포기는 금물! 속상하지만 처음과 비교하면
엄청나게 성장했다는 사실을 잊지 마세요. 인기
있는 이모티콘의 콘셉트의 특징을 다시 꼼꼼하게
살펴보고 제안했던 이모티콘 파일의 장단점을
분석해 봅니다. 관련 페이지 p. 126

수정하기

이모티콘 파일을 수정하고 다시 제안합니다.
미승인 이모티콘을 고치면서 나만의 노하우가
쌓이고 있습니다. 진정한 실력은 미승인을
개선하며 만들어집니다.

5. 이모티콘 제안하기

플랫폼의 가이드 라인에 맞추어 파일을
제안합니다. 플랫폼마다 이모티콘, 스티커,
이모지의 특징과 크기 등이 다릅니다. 제안하기
전에 플랫폼의 특징을 꼭 파악해 두세요.
관련 페이지 p. 032, 206

Chapter 1

어떤 이모티콘을 만들까?

Lesson 01
이모티콘이란?

단순히 귀여운 캐릭터라고 해서 무조건 승인되는 것이 아닙니다. 평소에 이모티콘을 많이 쓴다고 해도 이모티콘을 제작하는 입장은 다르기 때문입니다. 앞으로 이모티콘을 어떤 상황에 쓰는지 이 책을 통해 같이 고민해 본다면, 여러분이 이모티콘을 기획할 때 더 뚜렷한 콘셉트를 가질 수 있을 것입니다.

⬤ 이모티콘을 쓰는 목적

그동안 이모티콘을 어떤 상황에서 썼는지 곰곰이 생각해 본 적이 있나요? 이모티콘의 사용 목적을 정확히 짚고 넘어가면 이모티콘을 제작할 때 확실하게 기획을 세울 수 있습니다. 국립국어원 표준국어대사전에서 이모티콘의 정의를 찾으면 아래의 내용이 나옵니다.

국립국어원 표준국어대사전의 이모티콘 정의

'감정이나 느낌을 전달할 때 사용하는 그림 문자'라는 정의에서 알 수 있듯이, 이모티콘은 정보를 담은 문자입니다. 그래서 이모티콘을 사용하면 자신의 의도와는 다르게 전달되거나 뉘앙스를 오해하는 등의 상황을 방지할 수 있습니다.

감정과 뉘앙스 전달하기

같은 내용의 글이라도 읽는 사람에 따라 뉘앙스나 느낌이 다르게 해석될 여지가 있습니다. 이모티콘은 대화에서 불필요한 오해를 줄여 줍니다. 또한 자신의 감정을 더욱 적극적으로 전달하거나, 단순히 텍스트로 전달하기에 미묘한 감정들을 전달할 때도 사용합니다. 예를 들어, 무언가를 거절하거나 부탁할 때 상대방의 마음이 상하지 않도록 고려하는 상황에서도 활용할 수 있습니다. 먼저 아래의 예시를 살펴볼까요?

카카오톡 이모티콘 플러스 '네' 검색결과(2023.10.18)

'네'라는 동일한 사실을 담고 있지만, 어떤 이모티콘을 보내는지에 따라 뉘앙스가 미묘하게 다름이 느껴지시나요? 어떤 이모티콘은 소식을 기다린 것처럼 '정말 좋아요~'라는 반가운 감정이 느껴집니다. 또 어떤 이모티콘은 '모두 이해했습니다! 맡겨만 주세요!'라는 당찬 느낌을 주고, 어떤 이모티콘은 '제가 해볼게요!'라는 적극적인 느낌을 주기도 합니다.

자신의 이미지를 다양하게 표현하기

이모티콘은 여러 뉘앙스를 전달할 뿐만 아니라, 사용하는 이모티콘 그림체의 분위기에 따라서도 사용자의 이미지가 다르게 전달되기도 합니다.

예를 들어, 제가 만든 캐릭터들은 낙서처럼 대충 그린 그림체로 친근하고 편한 느낌을 줍니다.

지렁이네 작가의 다양한 이모티콘

이모티콘은 직업이나 속한 집단에서 자신이 가지고 있는 사회적인 이미지에 따라서도 다르게 사용됩니다. 예를 들어, 공적인 메시지를 전달해야 하거나 업무 이야기를 나눠야 하는 채팅방에서는 장난스러운 분위기보다는 격식을 갖춘 분위기의 이모티콘이 어울립니다. 반대로, 친한 친구들이나 가족과 함께하는 채팅방에서는 귀여운 이모티콘으로 어리광을 부릴 수도 있습니다.

따라서 이모티콘 기획의 핵심은 이 이모티콘으로 누가, 어떤 사회적인 맥락에서, 무슨 감정으로, 무엇을 전달하고 싶은지를 구체적으로 고민하는 것입니다. 이모티콘을 만드는 모든 과정은 결국 전달하려는 바를 효과적으로 표현한다는 목적이 있기 때문에, 기획부터 마무리인 모션 제작까지 항상 자신이 무얼 말하려고 하는지 그 의도를 잊지 말고 제작해야 합니다.

Lesson 02
이모티콘의 종류

이제 이모티콘의 종류를 그림체와 형식에 따라 알아보겠습니다. 그림체는 콘셉트를 강조하는 효과를 가지므로, 이모티콘을 기획할 때 매우 중요한 요소입니다. 자신이 전달하고 싶은 내용과 감정이 어떤 종류의 이모티콘과 어울리는지 고민하며 살펴보세요.

이모티콘의 그림체

우리가 흔히 말하는 그림체는 선의 굵기나 선의 색감 등 다양한 요소들이 합쳐진 전체를 의미합니다. 이모티콘에서 그림체는 그 자체로 가장 빠르게 눈에 띄는 특징입니다. 그림의 복잡한 정도나 얼마나 사실적으로 표현했는지 등의 기준으로 분류할 수 있습니다.

다양한 그림체

먼저 아래의 그림을 비교하며 다양한 그림체를 살펴볼까요? 아주 단순한 낙서 느낌의 그림체부터 입체감이 더해진 그림체, 그리고 사진 자체를 사용한 이모티콘, 여러 색상이 사용된 이모티콘까지 다양한 그림체로 이모티콘을 만들 수 있습니다.

귀햄 – 일상에 필요해요 귀햄티콘! 3, 잔망 루피–잔망 루피7, EVERLAND–푸바오는 세 살!, 요하 – 요하의 선한 영향력

콘셉트 강조 효과

적절한 그림체를 선택하면 자신이 표현하고 싶은 콘셉트를 강조할 수 있는데요, 대략적 고 양이 대고는 '대충 그린 고양이'라는 콘셉트를 강조한 그림체를 사용했습니다. 대고를 갑자 기 실제 고양이 모습을 사진으로 찍은 것처럼 털이 한올 한올 살아있는 구체적인 그림체로 작업하게 된다면, 콘셉트와 동떨어져 캐릭터에 공감하기 어려워집니다.

아래 예시를 보면 공부나 일을 당장 해야 하지만, '하기 싫다'라는 의미를 표현하는 방법도 다양한 그림체와 방식이 있습니다. 그림체가 달라지면 자신이 표현하고자 하는 감정의 분 위기가 변하므로, 이모티콘을 제작할 때는 이러한 부분까지 유념해야 합니다.

찬비- 박대리의 현실고증 직장생활 3 , 샐리홍 – 오락가락 꽥구, 무한도전 – 히트다 히트! 무한상사

연령대별 인기 그림체

그림체는 다양한 느낌을 표현하거나 콘셉트를 강조할 뿐만 아니라, 이 이모티콘을 좋아하 리라 예상되는 타깃 연령대에도 영향을 줍니다. 여기서는 카카오 이모티콘 샵의 연령대별 인기 순위를 살펴보겠습니다.

연령대별 이모티콘 차트(2023.10.18)

연령대별 선호하는 그림체의 특징	
10대와 20대	심플함, 웃김, 귀여움
30대	병맛짤, 유머러스, 구체적인 인물 이미지
40대	따뜻한 인사말, 다양한 색감

만약 타깃 연령대가 40대임에도 10~20대의 사용자가 좋아하는 심플하고 간결한 느낌으로 이모티콘을 기획한다면 핵심 타깃층의 공감을 얻지 못할 수도 있습니다.

이처럼 이모티콘을 제작할 때의 그림체는 단순히 그리는 사람 본인만의 미적 감각 문제가 아닙니다. 자신이 말하려는 바를 잘 담을 수 있는 그림체이면서, 타깃 연령대의 선호도를 고려한 그림체를 사용해야 사람들이 공감할 수 있는 이모티콘이 될 수 있습니다.

NOTE 이모티콘 그림체를 결정할 때 기억할 필수 2가지

- 자신이 전하는 메시지와 캐릭터의 콘셉트를 잘 표현해야 한다.
- 핵심 연령대의 선호를 고려해야 한다.

🔵 그림체의 종류

이제 구체적인 그림체의 종류를 살펴보겠습니다. 낙서형 그림체, 깔끔한 그림체, 로토스코핑형 그림체, 문자형 이모티콘, 사진형 이모티콘으로 나눴습니다.

낙서형 그림체

지렁이네-대고는 전쟁 중이대고!

낙서형 그림체는 제가 주로 사용하는 그림체입니다. 종이에 설렁설렁 낙서한 느낌의 간결한 그림입니다. 낙서형 그림체의 장점은 구체적인 묘사가 필요한 그림체보다 작업 시간이 훨씬 빠르다는 것입니다. 작업 시간 자체가 짧아지고 그림이 간단하므로 그림 실력이 부족해도 기획 단계에 조금 더 신경을 쓰면 도전하기 쉬운 것도 장점입니다. 하지만 그림체가 간단한 만큼 최신 유행어, 밈, 짤 등에 민감하게 반응하며 빠르게 트렌드를 캐치할 수 있어야 합니다. 그래서 '센스 있다'는 느낌을 표현할 수 있어야 합니다.

또한 앞에서 설명한 바와 같이, 주로 10~20대가 선호하는 그림체이기 때문에 청소년이나 사회 초년생이 많이 쓰는 채팅의 말투와 유행어 등을 파악하고 있으면 더욱 효율적으로 제작할 수 있습니다.

깔끔한 그림체

나가노 – 먼작귀 스티커, ©funppy – 세송 쫭 세송!, 꼬맘 – 승쟁이 뚱꼬의 매콤한 하뚜

깔끔한 그림체는 캐릭터 시리즈 이모티콘이 많습니다. 캐릭터가 귀엽고 모션이 자연스러운 편입니다. 깔끔한 선으로 작업을 하기 때문에 한눈에 보기도 편하고, 남녀노소 누구에게나 보낼 수 있는 이모티콘이 많습니다. 따라서 깔끔한 그림체의 이모티콘은 연령대와 상관없이 인기가 많습니다. 대중적인 이모티콘이 많아서 팬덤이 생기면 시리즈가 출시될 때마다 인기 순위에 바로 올라오기도 합니다.

로토스코핑형 그림체

철새 –닉에시의 여름일상 2, ©왈왈왈 – 리액션 장인 바둑이, 단발 신사 숙녀 – 맑은 눈 폼 미침

로토스코핑(Rotoscoping)**형 그림체**는 주로 실제 인물을 사진으로 촬영해서 이모티콘을 만듭니다. 촬영한 프레임마다 선을 따서 작업을 하기 때문에 모션(움직임)이 매우 자연스럽습니다. 사실적으로 느껴지도록 따라서 그린 그림체이기 때문에 현실감이 넘치는 행동 묘사와 생생한 표정 묘사가 특징입니다. 웃기는 표정과 행동으로 제작되므로 낙서형이나 깔끔

한 그림체보다 인상적이고 병맛짤 느낌이 더 확실하게 표현됩니다.

> Tip '선을 딴다'는 것은 스케치 위에 깔끔하게 확정된 선을 그리는 행위입니다. 처음에 아무 것도 없는 캔버스에 그리는 스케치는 위치만 잡기 때문에 선이 지저분합니다. 그래서 스케치를 다 그린 후에는 선을 정리하는 단계가 필요합니다.

문자형 이모티콘

도토리MI – 분노 16종, 노리큼 – 이거 쓰면 내가 바로 재치왕 2, 안아쥬 – 로판으로 보는 사회생활

전달하고자 하는 메시지를 문자 자체에 부가적인 장식 요소와 함께 꾸미는 방식입니다. 캐릭터나 사람이 없고 글자만 있다 보니, 주로 직관적인 메시지 또는 긍정적인 메시지의 이모티콘이 많습니다. 또한 그림이 없어도 색감이 화려해서 잘 보입니다. 따라서 색감이 다양한 이모티콘이 많습니다. 이러한 특징들은 앞에서 설명한 연령대별 인기 그림체로 떠올리면, 일반적으로 40대가 선호하는 따뜻한 느낌의 메시지, 감사의 메시지가 많습니다. 요즘은 오히려 10~30대를 겨냥한 문자형 이모티콘도 많이 출시되고 있습니다. 시리즈형 이모티콘도 늘어나고 있으며, 특정한 기념일에 건네는 인사를 강조할 수 있는 메시지도 많습니다.

사진형 이모티콘

요즘 인기 있는 유튜버, BJ 또는 동물이나 아이돌 등 팬덤이 확실하게 있을 때 사용하는 이모티콘 형식입니다. 직접 그림을 그리는 작업은 아니지만, 이모티콘으로 만들면 좋을 아이디어가 있다면 사진형 이모티콘으로 작업하는 것도 추천합니다. 예전에는 주로 풍경 사진이 활용되었는데, 다소 추상적인

보래 – 인생에 덕담 한 스푼~,,,

느낌으로 실제 대화에 활용하기는 사용성은 떨어졌습니다. 요새는 재밌는 폰트와 함께 개그 요소로 사용합니다.

팬덤이 확실한 사진형 이모티콘의 예시로 빠더너스의 이모티콘을 보면 평소에 쓸법한 말들을 격한 감정 표현으로 담았습니다. 오랜 시간 꾸준한 인기를 얻고 있는 이모티콘입니다. 만약 자신이 그림으로 이모티콘을 만들기에 그림 실력에 자신이 없거나, 아예 새로운 방법을 시도하고 싶다면 사진으로 이모티콘 만들기를 도전할 수도 있습니다.

빠더너스-문상훈 짤 모음

NOTE **사진형 이모티콘의 무궁무진한 가능성**

아래는 인형으로 제작된 이모티콘 예시입니다. 팬덤이 없거나 실제 사람의 얼굴로 이모티콘을 제작하기 부담스러우신 분들도 방법이 있습니다. 이렇게 인형 탈의 모습을 사용하거나, 우리집 강아지가 귀여워서 제작한 이모티콘도 출시되었기 때문입니다. 따라서 집에 있는 사물을 이용하거나, 귀여운 반려동물의 다양한 표정을 이모티콘으로 제작해도 좋습니다.

샐리홍 – 오락가락 꽥구

🔍 이모티콘의 형식

멈춰 있는 이모티콘

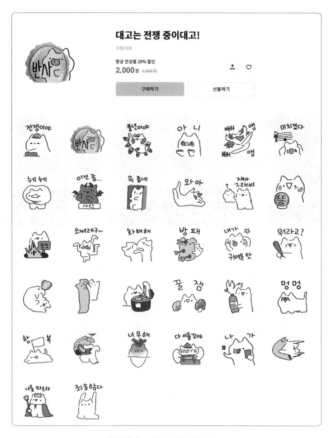

지렁이네-대고는 전쟁 중이대고!

멈춰 있는 이모티콘은 이미지 작업이 단 한 컷으로 끝나기 때문에 제작 시간이 짧은 이모티콘입니다. 하지만 이렇게 제작 시간이 짧기 때문에, 이모티콘 플랫폼에 신청되는 제안량이 많은 편입니다. 또한 이모티콘을 구매하는 사용자도 동일한 가격이라면 멈춰 있는 이모티콘보다 움직이는 이모티콘을 선호하는 경향이 있습니다. 그래서 멈춰 있는 이모티콘을 기획한다면, 한눈에 봤을 때 콘셉트가 명확하고 말하고 싶은 메시지가 확실하게 보여야 합니다. 경쟁이 심한 만큼 소비자에게 매력적으로 어필할 수 있어야 합니다. 실제로 작업하는 시간이 적더라도 기획하는 시간에 더 많은 에너지를 들여야 합니다.

그럼에도 불구하고 한 컷으로 끝난다는 큰 장점이 있으므로, 이모티콘 작업 자체를 처음 도전하거나 작업 시간을 줄여서 속도를 높이고 싶다면 가장 추천하는 형식입니다. 만약 승인이 된다면, 정식 발매 전 검수 과정에서 모션(움직임)에 대한 검수 과정이 없기 때문에 정식 출시까지 소요되는 시간도 비교적 짧습니다.

그리고 앞에서 설명한 바와 같이, 움직이는 이모티콘과 판매 가격은 동일하며 낱개의 이모티콘 개수만 다릅니다. 기획이 좋고 센스 넘치게 제작이 되었다면 짧은 작업 시간으로도 판매량이 좋다는 장점이 있습니다.

움직이는 이모티콘

지렁이네-오히려 좋대고!

움직이는 이모티콘은 캐릭터의 자세를 조금씩 다르게 그려서 마치 움직이는 것처럼 보이게 제작한 이모티콘입니다. 교과서 끄트머리의 모서리에 그림을 그려서 촤르륵 넘기며 놀았던 **플립 북**(Flip book)과 같은 원리라고 생각하면 됩니다. 이러한 움직임을 구성하는 1개의 이미지를 **프레임**(Frame)이라고 부릅니다.

뒤에서 자세히 설명할 카카오 이모티콘은 하나의 이모티콘을 만들 때 사용하는 프레임을 최대 24개로 제한합니다. 따라서 캐릭터의 움직임을 구상할 때 최대 프레임 개수를 미리 고려해야 짜임새가 있는 모션이 나오게 됩니다.

프레임을 만드는 과정

움직이는 이모티콘의 프레임이 최대 개수 제한이 있다고 반드시 24프레임을 꼭 채워야 하는 것은 아닙니다. 카카오 이모티콘을 만들 때 24프레임을 전부 사용하는 작가님도 있지만, 저처럼 낙서 같은 그림체로 모션을 구성한다면, 적게는 2프레임만으로도 모션을 만들기도 합니다.

모션 작업을 혼자서 공부하기 막막하다면?

모션 작업을 처음 시도할 때는 막막할 수도 있습니다. 저는 처음에는 인터넷에서 '지브리 gif', '디즈니 gif', '이모티콘 gif' 등을 검색했습니다. 무료 공개된 파일을 다운로드하고 포토샵에서 열어봅니다.

❶

❷ 하나의 모션에 프레임 구성이 어떤지를 잘 살펴봅니다.

저는 이런 모션들을 자주 열어 보면서, 자연스럽게 모션을 제작하려면 어떻게 하는 게 좋을지 고민하곤 했습니다. 애니메이션을 제작하는 전문가들이 한땀 한땀 정성 들여 제작한 모션 과정을 자세히 확인할 수 있으니, 자신이 만들고 싶은 모션과 비슷한 모션의 공개된 파일을 찾아서 살펴보는 것도 실력 향상에 도움이 됩니다.

주의 사항: 특정한 프레임을 그대로 따라 그려서 연습하는 방식을 트레이싱(Tracing)이라고 합니다. 트레이싱은 개인적으로 연습할 때만 사용해야 합니다. 이렇게 따라한 것을 상업적인 용도로 출시하시거나, 트레이싱을 했다는 사실에 대한 기재 없이 마치 자신의 창작물인 것처럼 공개하면 표절 등 법적인 문제로 이어질 수 있습니다. 명심하세요!

움직이는 이모티콘은 멈춰 있는 이모티콘보다 신경을 써야 할 것이 많기 때문에, 이모티콘 작업 자체를 처음 한다면 조금 버겁게 느껴질 수도 있습니다. 하지만 사용자들의 일반적인 선호도를 보면 멈춰 있는 이모티콘보다 평균 판매량이 더 높은 편입니다.

Tip 이모티콘 만들기가 처음이라면 당장 움직이는 이모티콘을 만들고 싶더라도, 작업이 익숙해질 때까지는 멈춰 있는 이모티콘으로 만들다가 조금 더 능숙해지면 움직이는 이모티콘의 비중을 늘리기를 추천합니다.

큰 이모티콘

다락방의 잡동사니 – 사는 게 드라마야, 티키타카

카카오톡에서만 쓰는 큰 이모티콘입니다. 일반적인 이모티콘의 사이즈보다 채팅방에 크게 표시되기 때문에 다양한 요소와 색깔을 넣어도 눈에 잘 보인다는 특징이 있습니다. 새해, 크리스마스, 어버이날 등 특정한 기념일에 맞춰서 나오는 시즌 이모티콘들이 주로 큰 이모티콘으로 출시됩니다. 큰 이모티콘은 채팅방에 크게 표시되므로, 대화를 하다가 내가 말하고 싶은 바를 강조하거나 주목을 받아야 할 때 효과적입니다.

큰 이모티콘은 제작할 때부터 사이즈가 다릅니다. 때에 따라서 정사각형으로 제작하지 않고 반 정도만 채워서 직사각형 형태로도 제작할 수 있습니다. 큰 이모티콘은 사이즈가 커서 작업이 좀 더 디테일하거나, 다양한 볼거리를 제공해야 합니다. 그래서 멈춰 있는 이모티콘과 움직이는 이모티콘보다 승인에 도전하는 제안량 자체는 적다고 합니다.

Tip 특정한 기념일에 어울리는 이모티콘을 만들고 싶다면 기획 단계부터 애초에 큰 이모티콘의 사이즈와 특징을 고려하여 제작해 보세요.

 제안을 하면서 이모티콘 실력도 쌓아요!

저는 이 책을 집필하는 날짜를 기준으로 카카오와 네이버에 총 12개의 승인 작품이 있습니다. 하지만, 미승인된 작품의 수가 어마어마하답니다. 현재 카카오 이모티콘에 미승인된 작품은 88건이네요.

⌃ 미승인 88건

물론 미승인이 모두 처음부터 새로운 기획으로 만든 작품은 아닙니다. 수정에 수정을 거쳤기 때문에 비슷한 미승인 건도 많습니다. 그래도 어마어마하죠? 이모티콘을 진심으로 좋아하는 마음을 담아 애정이 듬뿍 담긴 작업을 하는 만큼 미승인 없이 빨리 승인을 받기를 기대하실 겁니다. 저 또한 처음의 몇 번은 미승인 메일을 보면서 크게 실망했던 기억이 있습니다.

미승인 메일을 받으면 혹시 내가 작가가 될 자격이 없나 고민을 하며, 마음에 상처를 받을 수 있습니다. 결국 열정이 흔들리거나, 작업 자체에 흥미를 잃을 수도 있습니다. 이렇게 만들어진 작업물들은 더 많은 미승인으로 흘러갑니다. 이런 과정에서 중간에 포기하는 분들도 많습니다.

처음부터 완벽한 걸작을 기대하지 마세요. 조금씩 작업에 흥미를 붙이면서 최대한 다작으로 제안을 하시기를 추천합니다. 그래야 미승인에 점점 익숙해지면서 마음이 흔들리지 않고, 본인의 작업을 객관적으로 볼 수 있습니다.

Chapter 2

어느 플랫폼이 어울릴까?

Lesson 01
카카오톡

플랫폼마다 제안 방식부터 수익성까지 전부 다릅니다. 각각의 플랫폼 특징을 파악해서 자신이 만들고 싶은 이모티콘과 가장 잘 맞는 플랫폼을 찾아보세요. 처음으로 소개하는 카카오톡은 대한민국에서 가장 많이 사용하는 메신저 서비스입니다.

🔍 카카오 이모티콘 스튜디오

카카오 이모티콘은 카카오톡 앱 자체의 사용자가 많기 때문에, 이모티콘의 전체 사용량이 가장 많은 플랫폼입니다. 그래서 수익도 가장 많이 나오는 플랫폼이기도 합니다. 그러나 이렇게 출시 후 수익성이 높다면, 이모티콘 제안량도 이에 비례하게 많아집니다. 따라서 승인을 받는 것조차 어려운 플랫폼이기도 합니다.

카카오 이모티콘에 제안을 하려면 인터넷 검색창에 '카카오 이모티콘 스튜디오'를 검색합니다. 카카오의 모든 제안 프로세스는 카카오 이모티콘 스튜디오(https://emoticonstudio. kakao.com)라는 사이트에서 이루어집니다. 가지고 있는 카카오 계정으로 로그인하면 바로 사용할 수 있으며, 이모티콘 작가용 카카오 계정을 따로 만들어야 할 필요는 없습니다.

카카오 이모티콘 스튜디오 메인 화면

🔘 카카오톡 이모티콘의 상품화 과정

승인 메일을 받으면 간단한 절차로 계약을 진행한 후에 상품화 과정이 진행됩니다. 제목이나 채색 오류 등의 검수가 이루어지고, 이모티콘샵에서 보여지는 이미지와 선물하기 이미지도 만들어야 합니다. 이 모든 것을 확인받으면 최종 파일 제출이 완료됩니다.

- 제안 → 승인 → 작가 계약(최초 1회) → 검수(제목 확정 / 모션 검수, 채색 오류 수정 등) → 최종 파일 제출
  → 검수 완료 → 이모티콘 출시(1~3개월 소요)

멈춰 있는 이모티콘은 총 32개의 멈춰 있는 이모티콘을 만듭니다. 멈춰 있는 이모티콘은 움직임이 없으므로 모션 작업이 없습니다. 바로 타이틀, 선물 이미지 등 부수적인 요소만 제작하면 최종 단계로 넘어갈 수 있으니 빠르게 진행됩니다.

본 제작 외에 제작하는 요소들

그러나 움직이는 이모티콘을 제안할 때는, 총 24개의 이모티콘 중에서 움직이는 이모티콘은 우선 3개만 만들고, 나머지는 멈춰 있는 이모티콘으로 제안합니다. 승인이 되면 본 제작에

서 나머지 21개의 이모티콘들이 움직이도록 모션 작업을 합니다.

Tip 부수적인 요소를 제출하는 방법에 대해서는 승인 후에 카카오에서 PDF 가이드를 제공하므로 미리 걱정할 필요는 없습니다.

모션 작업과 판매를 위한 이미지 자료까지 모두 제작했다면 검수 단계로 넘어갑니다. 검수가 완료된 후에 어느 정도의 기간(약 1~3개월)이 지나면 출시 일주일 전에 카카오에서 출시 안내 메일이 옵니다.

또한 상품 관리창에서도 출시일을 확인할 수 있습니다. 가끔씩 검수 일정이 많이 밀려 있거나, 출시 제품들이 밀려 있는 상황에서는 검수와 출시가 고지된 일정들보다 조금 더 밀리게 됩니다. 마음을 놓고 2탄을 제안하거나, 다른 신규 작품을 제작하며 기다리면 됩니다.

| 309121 | 부끄럽지만 따랑한대고!! (남친) | 움직이는 이모티콘 | 최종 (1차) | 완료 | 검수 완료 |
| 306703 | 말랑 신낭 대고!! | 움직이는 이모티콘 | 최종 (2차) | 완료 | 상품 출시 2022.11.15 |

검수 완료/ 상품 출시 사진 예시

Tip 최종 파일화가 진행된 후에는 보통 1~3개월이 지나면 출시됩니다. 따라서 파일화까지 작업 시간을 최대한 줄여야 승인 후에 빠르게 출시로 이어집니다. 특히 유행어를 사용했거나, 유행에 민감한 기획이라면 최대한 빠르게 출시하는 것이 유리하겠죠?

🔘 카카오톡 이모티콘의 수익

승인 절차가 다른 플랫폼에 비하여 다소 까다롭고, 그만큼 작업 수에 비해 승인되는 작품도 적어서 가성비가 떨어진다고 생각할 수도 있습니다.

하지만 카카오 이모티콘 시장은 현재까지도 계속 판매량이 증가하고 있고, 여전히 매출이 높은 플랫폼입니다. 또 카카오에는 이모티콘 플러스라는 서비스가 있습니다. 이 서비스는 특정한 키워드와 어울리는 추천 이모티콘을 채팅창에서 바로 사용하거나, 마음에 드는 이모티콘을 단일 구매하지 않아도 자유롭게 다운로드해서 사용할 수 있는 이모티콘 구독 서비스입니다. 이 서비스 덕분에 출시 직후에는 판매량이 만족스럽지 못했거나, 아직 자신의 이모티콘 캐릭터에 팬층이 구성되지 않은 신인 작가라도 키워드 단위로 정산을 받을 수 있습니다. 따라서 카카오의 수익 구조는 이모티콘 단품 구매 수익과 이모티콘 플러스에서 사용된 빈도수를 계산하여 합한 수익입니다.

- **카카오 이모티콘의 수익**: 이모티콘 단품 구매 + 이모티콘 플러스 사용

팬층이 많은 이모티콘이나 시리즈로 출시가 잦은 이모티콘은 단품 구매가 많고, 일상에서 사용하기 좋거나 각각의 감정 표현이 눈에 띄는 이모티콘들은 이모티콘 플러스의 구독 수익이 많이 나오는 편입니다.

카카오 이모티콘 수익은 바로 입금되는 것이 아니라, 1개월치의 판매량을 1일~31일(말일)까지 모두 합한 후에 그 다음 달 말에 정산이 되고, 수익에 대한 입금은 그 다음 달에 됩니다. 그러니까 처음으로 수익이 발생하면 약 2개월 뒤에 첫 수익금이 입금됩니다. 안정적인 수익을 원한다면 출시 후 발생된 수익에 대한 입금이 2개월 이상 소요되는 시간을 계산해야 합니다. 만약에 전문 이모티콘 작가가 되고 싶다면, 매달 새로운 이모티콘이 출시될 수 있도록 꾸준히 제안을 하는 게 중요합니다.

	멈춰 있는 이모티콘	움직이는 이모티콘	큰 이모티콘
작업 사이즈	360*360px	360*360px	540*540px (540*300/300*540 도 가능)
총 개수	32개	24개	16개
제안 시 모션 개수	0개	3개	3개
프레임 제한	1프레임	최대 24프레임	최대 24프레임
배경	PNG(투명)	PNG(투명), GIF(흰색)	PNG(투명), GIF(흰색)

카카오에 제안을 하면 2~4주 후에 아래와 같은 메일이 옵니다. 열심히 작업하고 제안한 이모티콘의 승인 메일을 기다리는 게 너무 길게 느껴질 때도 있습니다. 특히 처음 제안을 했다면 메일함을 수백 번 왔다 갔다 할 수도 있습니다. 승인 여부를 조금이라도 빠르게 확인하는 방법이 있습니다.

1) 카카오 오픈 채팅에서 이모티콘 작가 그룹 채팅에 참여하기

카카오 오픈 채팅방에 다양한 이모티콘 그룹 채팅들이 개설되어 있으니 이런 톡방에 참여하면 다른 작가님들이 승인 메일이 돌 때 알림처럼 서로 알려 주기도 합니다. 또한 이런 채팅방에서는 미승인 피드백을 서로 부탁하기도 합니다. 여러 명의 객관적인 눈으로 분석이 가능하니, 점점 개선하면서 승인률이 올라갑니다.

2) 이모티콘 카페에 가입하고 승인 메일 소식 확인하기

네이버나 다음에서 이모티콘 카페에 가입하면 승인 메일이 돈다는 것을 알려 줍니다.

Lesson 02
네이버 OGQ 마켓

두 번째 플랫폼은 네이버 OGQ 마켓입니다. 네이버에서 운영하고 있는 플랫폼이며 주로 네이버 블로그, 네이버 카페에서 사용됩니다. 또 다양한 플랫폼들과 연계하여 삼성 갤럭시의 메시지 앱인 채팅+(채팅 플러스), 1인 미디어 플랫폼 아프리카TV 등으로 사용처가 많아지고 있습니다.

◉ 네이버 OGQ 마켓

앞서 소개한 카카오 이모티콘은 일상적인 대화 또는 업무 상황에서, 자신의 감정을 표현하거나 말하려는 바를 좀 더 부드럽게 전달한다는 특징이 있습니다. 반면 네이버 OGQ 마켓의 스티커는 주로 블로그 포스팅을 더 이쁘게 꾸미거나, 게시글에서 소개하는 식당의 지도나 메뉴판이 눈에 띄도록 강조하는 데 사용합니다.

또는 네이버 카페에서 게시물에 댓글로 상대방에게 반응을 하거나, 짧은 의견을 남길 때 사용합니다. 이처럼 카카오 이모티콘의 주된 용도가 감정 표현이었다면, 네이버 스티커는 꾸미기라는 심미적인 특징이 강조됩니다.

출처: 매니코튼 네이버 블로그, 지렁이네 블로그

카카오 이모티콘과 비교해 보면 네이버 OGQ 마켓의 스티커들은 포스팅을 꾸미거나, 게시물의 내용이 더 눈에 띄도록 도움을 주는 효과가 있습니다. 따라서 스티커가 더 디테일하고 색이 많이 들어갑니다.

네이버 카페에서 사용하는 예시

네이버 스티커를 제안하려면 인터넷 검색창에 '네이버 OGQ 마켓'을 검색합니다. 혹은 네이버 OGQ 마켓에서 [크리에이터 되기]를 클릭하면 OGQ 크리에이터 스튜디오(https://creators.ogq.me/)에 들어갈 수 있습니다.

🎨 네이버 스티커의 상품화 과정

네이버 스티커는 상품화 과정이 간단합니다. 네이버 스티커도 움직임 여부에 따라 애니메이션 스티커와 스티커로 나뉘어 있습니다. 카카오 이모티콘과 달리 네이버는 전체 다 움직이게 제작하고 제출해야 합니다. 이러한 이유 때문에 제안 전에 작업 시간이 많이 필요합니다. 그렇지만 네이버 스티커는 카카오 이모티콘보다 경쟁률 자체는 적은 편입니다.

- 제안 → 검수 → 스티커 출시

네이버 스티커를 제안하는 방법은 OGQ 크리에이터 스튜디오에서 [콘텐츠 업로드]를 클릭하면 자세하게 확인할 수 있습니다.

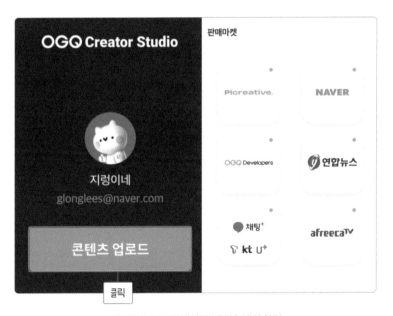

네이버 OGQ 크리에이터 스튜디오 메인 화면

네이버 OGQ 마켓 콘텐츠 유형

가이드에 맞춰 제안을 하셨다면 카카오와 달리 움직이는 이모티콘도 이미 모두 움직이게 작업했기 때문에 비교적 빠르게 출시됩니다. 집필 시기를 기준으로는 검수부터 출시까지 약 2주 정도가 소요됩니다. 승인과 동시에 판매가 바로 진행되기 때문에, 작업 속도가 빠르다면 스티커를 계속해서 출시할 수 있다는 장점이 있습니다.

네이버 스티커 제작 가이드

> **NOTE** **이모티콘 제작 용어의 줄임말**
>
> 이모티콘을 만들기 위해 온라인 커뮤니티에 가입하거나, 이모티콘 작가들이 실제로 대화를 할 때 사용하는 줄임말을 정리했습니다. 줄임말은 이모티콘 커뮤니티에서 많이 사용하는 말이므로, 인터넷 검색으로 자신이 원하는 정보만 찾고 싶을 때 줄임말로 검색해서 정보를 찾으면, 생생한 이야기를 찾을 수도 있습니다.
>
> - **멈티**: 멈춰 있는 이모티콘
> - **움티**: 움직이는 이모티콘
> - **큰티**: 큰 이모티콘
> - **승멜**: 승인 메일
> - **승요일**: 승인 메일이 오는 요일
> - **프크**: 프로크리에이트
> - **미승**: 미승인
> - **최파**: 최종 파일화(승인 메일 후 출시 과정의 마무리 단계)
> - **클립**: 클립스튜디오
> - **5제/3승**: 5개의 이모티콘을 제안했는데 3개가 승인을 받음

이렇게 출시된 이모티콘은 앞서 말씀드린 것과 같이 네이버 블로그, 네이버 카페, 아프리카 TV와 갤럭시 채팅+에서도 사용할 수 있습니다. 블로그와 카페를 타깃으로 한 꾸미기 위주의 스티커도 있지만, 특정 BJ의 방송에서 공감대를 사는 스티커나, 채팅+에서 사용하는 스티커를 일부러 출시하기도 합니다.

Lesson 03
네이버 밴드 스티커 샵

다음은 네이버 밴드 스티커 샵입니다. 네이버 밴드에서 사용되는 스티커를 판매하는 플랫폼입니다. 모임 위주의 플랫폼인 밴드에서 사용되며 댓글에 스티커를 사용할 수 있습니다. 네이버 OGQ 스티커와 비슷하지만 밴드에서만 사용됩니다.

● 밴드 스티커 샵

네이버 OGQ 마켓과 다르게, 데스크톱 환경에서는 밴드의 스티커 샵을 볼 수 없으며, 밴드 (BAND) 앱을 통해서만 접속이 가능합니다.

스티커 샵은 이모티콘 상품을 신규, 무료, 인기, 특징에 따른 카테고리로 나누어 살펴볼 수 있습니다. 밴드는 사용 연령층이 타 플랫폼보다 높습니다. 따라서 색감이 알록달록 다양하고, 표현이 구체적인 이모티콘들이 인기를 끌고 있습니다.

또한 '모임'이라는 앱의 특성에 어울리는 공지성 이모티콘과 각종 인사말(안녕하세요, 감사합니다 등)과 따뜻한 감정 표현이 인기 있습니다.

수키도키 - 안녕하세요블로그입니다, 아뱅- 블로거입니다.

🎯 밴드 스티커의 제안 과정

밴드 스티커는 다른 플랫폼과 상품화 과정이 조금 다릅니다. 네이버 밴드 스티커는 움직이는 이모티콘은 총 8개, 멈춰 있는 이모티콘은 5개를 제출합니다. 승인 여부에 상관없이 전체판을 구성해야 했던 여러 플랫폼보다 작업 과정을 단축시킬 수 있습니다.

네이버 밴드 스티커도 타 플랫폼과 마찬가지로 제안 사이트 위쪽에 제작 가이드를 제공합니다. 사이트에 접속하여 미리 참고한 후 제작을 시작하면 좋습니다.

그리고 제안 사이트에서 유료 스티커의 정산 방법도 확인할 수 있습니다.

사이트 위쪽에 있는 탭 중에서 [제안하기]를 클릭합니다. 움직이는 애니메이션 스티커인지, 멈춰 있는 스틸 스티커인지 고르고 해당 양식에 맞는 스티커를 업로드하면 됩니다. 제출 후 2~4주 정도가 지나면 승인/미승인 메일을 받을 수 있습니다.

Tip 네이버 밴드 스티커에서 출시된 이모티콘은 집필 시기를 기준으로는 네이버 계열(OGQ, LINE)을 제외한 타 플랫폼에는 출시할 수 없습니다. 단, 이러한 플랫폼의 규정은 제출 시기별로 계약 내용이 일부 수정되는 경우도 있습니다. 따라서 여러 플랫폼에서 출시를 하고 싶다면 반드시 원하는 플랫폼의 가이드를 비교하면서, 출시 계약 내용을 먼저 확인해야 합니다.

Lesson 04
라인

라인(LINE)은 글로벌 메신저 서비스로, 일본을 비롯한 여러 국가에서 많이 사용하는 메신저입니다. 다양한 나라의 사람들이 사용하는 만큼, 카카오처럼 국내에서만 유행하는 밈이나 짤로 이모티콘이 출시되지는 않습니다. 대신 일본어, 태국어 등 외국어를 사용한 이모티콘도 출시됩니다. 여러 언어가 조합된 글자를 출시하는 추세입니다.

🔵 라인 크리에이터스 마켓

라인 크리에이터스 마켓(https://creator.line.me/ko/)에서 제안할 수 있는 라인 스티커는 어떤 언어권을 고려하는지 신중히 고민해야 합니다. 그 나라의 언어를 잘 알아야 사용성이 올라가기 때문입니다. 만약 여러분이 외국어에 자신있거나, 해당 언어권의 전문가 또는 번역가의 도움을 받을 수 없다면, 굳이 잘 모르는 언어 표현은 억지로 넣지 않는 편이 좋습니다. 그림으로만 이루어진 감정 표현이나, 간단한 캐릭터로 제작하는 게 낫습니다.

라인에서는 멈춰 있는 이모티콘, 움직이는 이모티콘을 스티커로, 평소 우리가 문자나 업무용 메신저 등에서 사용하는 이미지 등 작은 아이콘을 이모티콘이라고 부릅니다. 사이즈도 다르기 때문에 반드시 먼저 확인한 후에 작업을 합니다.

아래는 스티커 제작 가이드의 일부입니다. 라인 스티커는 기획을 할 때 카카오의 이모티콘과 마찬가지로 일상적인 대화에서 사용하기 쉽도록 다양한 감정 표현이 잘 드러나도록 제작하면 됩니다.

그러나 라인 이모티콘(우리가 평소에 쓰는 이모지)은 조금 더 복잡합니다. 다음의 이모티콘 제작 가이드를 살펴보면, 테두리를 굵고 짙게 만들기를 권장합니다. 라인 이모티콘은 채팅방에 여러 번 이어서 입력하면 크기가 작게 노출이 되는 등 다양한 효과가 추가되기 때문입

니다. 이러한 각각의 특징에 맞춰 사용자의 편의를 고려하여 기획한다면 조금 더 사용성 있는 상품을 제작할 수 있습니다.

🔵 라인 스티커의 제안 과정

라인 스티커는 해외에서도 많이 쓰이는 만큼 사이트가 한국어 기반이 아닙니다. 먼저 휴대폰에 '라인(LINE)' 앱을 다운로드하고, 휴대폰 번호를 연결하여 라인 계정을 만들어야 합니다. 그러고 나서 라인 크리에이터스 마켓에 가입을 합니다. 여기까지 준비가 되셨나요? 라인 스티커의 제안 과정은 따라서 다른 플랫폼보다 어렵게 느껴질 수도 있으므로 과정을 간단히 소개합니다.

1 데스크톱에서 라인 크리에이트 스튜디오(https://creator.line.me/ko/)에 접속한 후 라인 앱에서 만든 계정으로 로그인합니다.

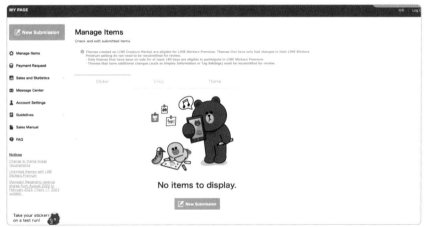

NOTE **라인 스티커는 번역기를 활용하자**

집필 시기를 기준으로는 사이트 자체에서 한국어를 지원하지 않기 때문에, 자신이 사용하는 브라우저의 번역 기능이나 크롬(Chrome)의 번역 기능으로 한국어로 번역해서 사용하면 조금 더 편하게 작업하실 수 있습니다.

2 왼쪽 위의 [새로운 제출]을 클릭하면 제출하는 창이 나타납니다. 한국어를 지원하지 않기 때문에 제목부터 내용까지 **영어**로 적어야 합니다. 캐릭터의 영어 이름을 지을 때도 외국인이 들어도 이해하기 쉽고, 캐릭터의 콘셉트를 방해하지 않는 이름으로 지어줍니다. 다 적어준 후에 [저장]합니다.

3 스티커를 입력할 수 있는 창이 나오면 [스티커 이미지]를 선택합니다.

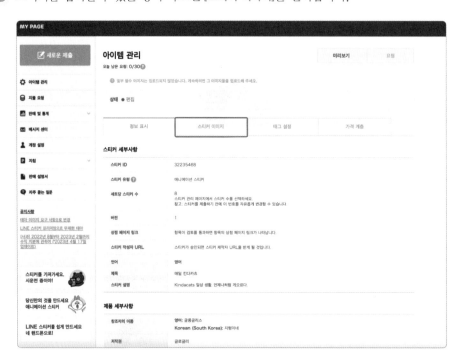

4 이제 [Edit](편집)를 누릅니다. 중간 즈음에 스티커 세트 숫자를 변경할 수 있는 버튼이 있습니다. 현재는 [8]로 되어있는데, 원하는 개수로 변경합니다. [Upload ZIP File]를 클릭하면 PNG 파일을 ZIP 파일로 압축해서 한 번에 제안할 수도 있습니다.

Tip 파일을 업로드 한 다음에는 [Tag Settings](태그 세팅)로 이동해서 각 스티커에 맞는 태그를 달아 줍니다. 하나하나 달아야 해서 조금 번거롭지만, 자신이 의도한 단어를 직접 설정할 수 있다는 장점이 있습니다.

5 라인은 직접 가격대를 설정할 수 있습니다. 가격대를 정하기 힘들다면, 마켓에서 다른 상품의 가격대를 참고해서 설정합니다.

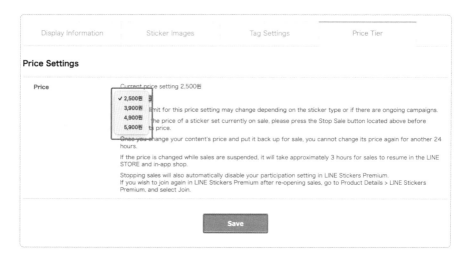

6 라인은 승인 결과가 다른 플랫폼보다 빠르게 나오는 편입니다. 유동적이지만, 대부분 1주일 안으로 결과가 나옵니다.

Lesson 05
비트윈

비트윈(Between)은 커플끼리 사용하는 메신저입니다. 카카오톡 또는 라인처럼 모든 사람에게 오픈된 채팅이 아닌, 오로지 커플인 단둘이서 사용하는 대화 메신저입니다. 따라서 비트윈의 이모티콘은 커플 사이의 대화에 어울리는 '커플티콘' 위주로 구성됩니다.

🔍 비트윈 스티커 스토어

우선 비트윈 앱에 사용하려면 앱을 혼자서 설치만 해서는 안 됩니다. 커플로 연결되는 다른 휴대폰 번호가 있어야 가입할 수 있습니다. 판매 중인 스티커를 볼 수 있는 스티커 스토어는 데스크톱으로는 확인할 수 없으며 모바일로만 확인할 수 있습니다. 또한 집필 시기를 기준으로 스티커 스토어에는 검색창이 없습니다. 따라서 화면을 아래로 스크롤하며 리스트를 직접 확인합니다.

비트윈에는 커플 사이의 대화에서 활용하기 쉽도록, 꽁냥꽁냥하는 분위기의 사랑스러운 스티커가 많습니다. 카카오톡 대화가 전반적으로 일상 위주이고 폭넓은 감정 표현을 고려하는 반면에, 비트윈의 스티커는 좋아하는 감정의 미묘한 흐름, 애인의 사랑스러움, 귀여운 사랑 싸움 등에 더 집중되어 있습니다.

커플 대화에 어울리는 애정 표현들

비트윈 스티커의 제안 과정

띵스플로우 공식 사이트(https://thingsflow.com/)에 들어갑니다. 위쪽 메뉴 중에 [Partners]를 클릭하고 밑으로 스크롤하면 Between Stiker AI Studio가 있습니다. 여기서 [스티커 제안 가이드]를 클릭합니다.

스티커 스토어 가이드라인을 다운로드하면, PDF 파일로 제안 프로세스부터 입점 가이드 등 제안 방법을 상세하게 확인할 수 있습니다.

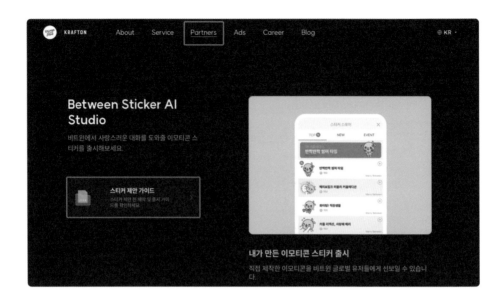

비트윈 스티커 이모티콘은 국내 버전/영어 버전으로 동시에 출시할 수 있습니다. 비트윈은 국내뿐만 아니라, 글로벌 유저의 비중이 꽤 큰 편이기 때문에 영어 버전도 함께 출시하는 것을 추천합니다. 만약 기획안 이모티콘에 한글로 된 글자 문구가 없고, 오로지 모션만 있는 이모티콘이라면 별다른 번역 작업 없이 바로 영어 버전을 출시할 수 있습니다.

스티커 스토어 입점 가이드

1. 타 플랫폼에서 출시된 스티커도 입점 제안이 가능합니다.
- 단 타 플랫폼의 규정은 비트윈 규정과 다를 수 있으니 확인 후 출시 부탁 드립니다.
- Ex 카카오톡 출시 이모티콘은 타 플랫폼 출시 불가 & 타 플랫폼 출시 스티커 카카오톡 출시 불가
- 비트윈에 입점된 스티커 역시 타 스토어에 출시 가능합니다.

2. 작가당 월별 출시 수량 제한은 없습니다.
- 최초 진행 시에도 출시 수량 제한은 없습니다.
- 단 비트윈 스티커 스토어 월별 잔여 인벤토리에 따라 수량 제한이 발생할 수 있습니다.
- Ex 남친용/여친용 2종 동시 출시

3. 최종 파일 검수 완료일 기준 최대 1개월 내 신규 스티커가 출시됩니다.
- N월 출시를 원하시는 경우 최소 (N-1)월 15일 전까지 제안 Forms를 제출해주세요.
- 최종 파일 검수 완료가 (N-1)월 말까지 완료되어야 N월 출시가 가능합니다.
- 모션 제작 스티커의 경우 제작 일정을 고려하여 넉넉하게 제안주세요.
- 출시 예정일은 검수 완료 후 개별 연락을 통해 알려 드립니다.

4. 계약 관련 내용은 계약서를 확인해주세요.

비트윈 스티커 스토어 가이드라인

가이드라인에 맞추어 입점 제안 메일을 보내면, 얼마 뒤에 메일로 승인 결과 안내를 받을 수 있습니다. 그 후에는 비트윈 전용 최종 파일화 매뉴얼을 받을 수 있습니다. 최종 매뉴얼의 안내에 따라 이모티콘을 완성하여 제출하면 출시됩니다. 집필 시기를 기준으로 비트윈 스티커 스토어는 개별 이모티콘 검색 기능이 없습니다. 그러나 고객센터에 홍보용 링크를 요청하면 해당 링크를 받을 수 있습니다. 이 링크를 활용해서 스티커 이모티콘 출시를 홍보하면 됩니다.

Chapter 3

어떤 준비물이 필요할까?

Lesson 01
나에게 맞는 장비 찾기

이모티콘을 그리려면 무조건 최신 태블릿PC가 필요할까요? 오히려 처음부터 비용이 많이 들면, 설령 이모티콘 작업이 스스로에게 맞지 않는다고 느끼더라도 억지로 해야 할 것 같은 강박감이 들 수도 있습니다. 아직 디지털 드로잉을 위한 장비의 종류를 모른다면 이번 레슨에서 자신에게 적절한 것을 살펴봅니다.

판 타블렛

우선 타블렛(Graphics Tablet, 그래픽 태블릿)이란, 쉽게 말하자면 컴퓨터에 연결해서 사용하는 펜과 패드입니다. 마우스와 똑같은 용도로 쓰지만 펜의 형태라고 생각하면 됩니다. 일반적인 컴퓨터는 화면이 터치식이 아니기 때문에 드로잉 작업을 편하게 하려면 이러한 장비가 필요합니다. 요즘에는 데스크톱으로 작업을 진행하는 작가님들이 많이 사용합니다. 타블렛의 장점은 드로잉 후에 이미지를 보정하는 포토샵이나 최종 파일화 작업을 번거로운 장비간 파일 이동 없이 즉시 이어서 할 수 있다는 점입니다.

타블렛의 가격대는 10만 원대부터 전문가용 기기인 300만 원대까지 다양한 브랜드의 제품들이 있습니다. 하지만 앞에서 말한 것처럼 처음부터 부담스러운 고가의 장비는 추천하지 않습니다. 이모티콘을 그리는 작업이 자신에게 맞는지도 아직 알 수 없고, 그래서 어떤 장비가 본인에게 편한지도 아직은 모르기 때문입니다.

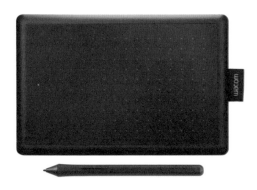

출처: 와콤몰 공식 사이트

판 타블렛은 종이에 그리는 것처럼 판 위에 그림을 그리면, 연결된 데스크톱의 모니터에 그림이 나오는 장비입니다. 판 타블렛을 처음 접하면 펜이 닿는 곳에 바로 그리는 것이 아니기 때문에 어색함을 느낄 수도 있습니다. 본격적인 작업을 하기 전에는 모니터를 보며 드로잉을 하는 연습이 필요합니다. 하지만 능숙하게 다룰 수 있다면 추가 장비 구매로 많은 돈을 투자하지 않아도 됩니다. 또한 들고 다니기도 편하기 때문에 복잡한 환경의 제약을 받지 않고 작업할 수 있습니다.

액정 타블렛

출처: 와콤몰 공식 사이트

액정 타블렛은 말 그대로 액정이 있는 타블렛입니다. 판 타블렛과 다르게 모니터의 화면을 타블렛으로 가져와 액정에 표시하고 터치식으로 그림을 그리는 장비입니다. 따라서 판 타블렛보다 적응하기 편합니다.

하지만 일반적으로는 판 타블렛에 비하면 액정 타블렛이 더 무거워서 휴대성이 떨어집니다. 또한 제품에 따라 다르지만 발열이 있기도 합니다. 그러나 내가 그리려는 위치에 정확하고 빠르게 작업할 수 있고 복잡한 작업에 용이합니다.

따라서 판 타블렛에 괴리감을 느끼는 사람은 물론, 웹툰 작업처럼 작은 캔버스에 복잡한 작업을 할 때도 사용합니다. 액정 타블렛의 가격은 해상도나 딜레이 속도에 따라 천차만별이지만, 판 타블렛과 비슷하게 역시 10만 원대 후반 ~ 300만 원대까지 있습니다. 액정 타블렛은 이모티콘 작업이 어느 정도 익숙해진 후에 구매하기를 추천합니다.

아이패드

출처: 애플 공식 사이트

애플의 태블릿PC인 아이패드는 미니(mini)부터 프로(Pro)까지 다양한 제품이 있습니다. 최근에는 성능이 좋아지면서 전문가용은 가격대가 점점 높아지고 있습니다. 우리가 도전하는 이모티콘 드로잉 작업 말고도, 유튜브나 넷플릭스 등 OTT 서비스의 영상 시청과 굿노트(GoodNotes)로 대표되는 전자 노트 등 다양하게 활용할 수 있습니다.

아이패드로 그림을 그리려면 애플 펜슬이 필요합니다. 아이패드 모델마다 1세대, 2세대 등 애플 펜슬의 호환 여부가 다르기 때문에 꼭 확인 후 구매해야 합니다. 아이패드는 필압을 잘 인식하는 편이어서 실제 연필을 눕혀서 쥐고 드로잉을 하는 것처럼 실감나게 표현할 수 있습니다. 아이패드는 전문가용 모델인 프로 버전이면 성능이 더 뛰어납니다. 그래서 그림이 복잡해지거나, 레이어가 많아져도 버벅거림 없이 잘 처리합니다.

애플 스토어 적극적으로 활용하기

요새는 디지털 드로잉 작업을 할 때 저를 비롯한 많은 사람들이 아이패드를 사용하고 있습니다. 어떤 장비를 쓰냐는 질문은 지금도 SNS에서 자주 받는 질문인데요, 들고 다니기 가벼운 아이패드 미니와 본격적인 작업을 무리 없이 할 수 있는 프로 모델을 동시에 사용 중입니다. 카페를 가거나 지하철 등 대중교통, 집에서 편하게 소파에 누워서 작업을 할 때는 미니 6세대(애플 펜슬2 호환 가능), 복잡하거나 큰 화면에서 전체적인 구도를 보고 싶을 때는 아이패드 프로 3세대(12.9인치)를 사용합니다. 사실 프로를 먼저 구매했다가 들고 다니기 크고 무겁다는 느낌을 받아서 미니를 추가했습니다. 저는 작업실, 집, 카페, 외부 미팅 등 이동하며 작업할 일이 많아 두 가지 모델을 모두 사용하고 있습니다.

하지만 처음부터 이렇게 여러 개의 패드가 필요하신 분은 극히 적을 것이라고 생각합니다. 다른 디지털 드로잉 파일들과 다르게 특히 이모티콘은 결과물 자체가 카톡 채팅방 등 워낙 작은 화면에 표시되고, 작업 스타일이 낙서 같은 심플한 느낌이라 미니로 작업하는 데 어려움이 없었습니다.

하지만 자신이 이모티콘 이외의 드로잉 연습도 하고 싶거나 드로잉 스타일에 따라 섬세한 터치가 필요할 수도 있습니다. 이러한 경우에는 미니 모델은 답답하다고 느껴질 수도 있으니 꼭 오프라인 매장에서 테스트를 직접 해보고 결정하시기를 바랍니다.

🔘 액정 터치식 노트북

출처: 삼성전자 공식 사이트

간혹 강의에서 자신의 디지털 기기가 아이패드가 아니라 갤럭시 탭 또는 그밖의 액정 터치식 노트북인데 아이패드를 사지 않아도 작업이 불편하지 않느냐는 질문을 받습니다. 실제로 제 주변의 여러 작가님들은 이런 기기로 작업을 하고 있습니다. 다만 이 책에서는 제가 아이패드로 실제 작업을 하고 있기 때문에 프로크리에이트로 드로잉 작업을 알려드립니다. 메디방 페인트, 클립 스튜디오 페인트는 윈도우 데스크톱과 갤럭시 탭 등에서도 사용할 수 있습니다.

🔘 데스크톱

이모티콘용 드로잉을 할 때는 앞에서 소개한 디지털 기기 중에 자신의 상황에 맞게 자유롭게 선택하면 되지만, 마지막 단계인 최종 파일화를 진행할 때는 데스크톱 컴퓨터가 필요합니다. 타블렛이나 아이패드 등에서 그려진 그림을 각 플랫폼에서 원하는 형식으로 맞춰 파일화를 진행해야 하기 때문입니다. 이 파일화는 데스크톱 컴퓨터로만 진행할 수 있으며, 어도비 포토샵 또는 어도비 일러스트레이터를 사용합니다.

또한 카카오 이모티콘에서 승인이 된 이모티콘은 카카오의 제작 가이드 방침에 따라, 웹피 애니메이터(WebP Animator)라는 이모티콘 제작 프로그램으로 최종 파일을 제작합니다. 이

프로그램 또한 데스크톱 컴퓨터로 사용합니다.

이모티콘을 만드는 작업은 사진을 찍거나, 종이에 낙서로 스케치를 하고 디지털 드로잉을 하는 등 다양하게 진행될 수 있지만 이 작업들을 최종 파일로 진행하기 위해서는 데스크톱 컴퓨터가 필수입니다. 데스크톱에서 어도비 포토샵을 실행하면 첫 일주일 동안 무료로 이용할 수 있습니다. 무료 체험 기간 동안에 자신의 컴퓨터 사양으로 포토샵을 무리 없이 사용할 수 있는지 반드시 확인하세요.

NOTE **장비를 고르는 기준**

디지털 작업은 확대와 축소가 편리해서 작업 사이즈가 결과에 큰 영향을 주지는 않습니다. 처음에는 디지털 작업이 어색하게 느껴질 수 있지만, 드로잉이 조금씩 익숙해지면 종이에 그릴 때보다 오히려 더 편리하게 사용할 수 있습니다.

지금까지 소개한 바와 같이 판 타블렛, 액정 타블렛, 아이패드 등 이모티콘 작업을 위한 디지털 기기는 다양합니다. 그러니 구매하기 전에 반드시 오프라인 매장에 여러 번 방문해서 직접 무게를 확인하고, 평소 자신이 들고 다니는 가방과 동시에 들었을 때의 무게를 고려하는 등 정말로 일상에서 사용하기 편리한지 고민을 하고 구매를 해야 나중에 후회하지 않습니다.

휴대성	평소 내 작업 공간은 집? 카페? 학교? 회사? 이동이 잦으면, 평소 들고다니는 가방에 들어가는 사이즈인가? 이동이 없으면, 책상 공간이 충분해서 쭉 연결하고 쓸 예정인가? 그렇다면 그 공간에 맞는 사이즈는 어느 정도?
그림 스타일	디테일이 필요한 그림인가? 낙서 느낌인가? 다양한 색감과 정확성이 중요한 작업을 많이 할 예정인가?
주로 사용할 프로그램	이모티콘 작업만 할 것인가? 웹툰이나 스티커 등 다른 콘텐츠 제작에도 관심이 있는가?
투자 가능한 자본	현실적으로 얼마나 돈을 쓸 수 있는가? 기기를 중고로 구하면 얼마나 아낄 수 있는가?

비싼 태블릿은 온라인 추천만 보면 안돼요

저는 시각 디자인을 전공했습니다. 처음 대학에 입학을 했을 때 그림을 많이 그리겠다는 욕심에 비싼 액정 타블렛을 구매했습니다. 액정 타블렛은 컴퓨터와 높은 호환성과 능률을 자랑하지만, 결과적으로는 먼 거리를 통학하며 강의실에서도 작업을 하던 저에게는 너무 무거워서 맞지 않는 장비였습니다. 그렇게 액정 타블렛은 몇 번 사용하지도 않고 중고로 팔게 되었습니다.

강의나 SNS에서 '아이패드 몇 인치를 구매하면 좋을까요?'라는 질문이 많이 옵니다. 저는 아이패드 12.9인치를 사용하고 있지만, 카페에 가거나 자투리 시간에 작업을 하려면 종종 무겁게 느껴집니다. 그래서 아예 11인치로 바꿀까 고민을 많이 했습니다. 그런데 막상 12.9인치와 비교했을 때는 무게 차이가 별로 체감되지 않아서 미니 모델을 대신 추가로 구매했습니다.

그리고 데스크톱으로 아이맥(iMac)을 사용합니다. 처음부터 꼼꼼하게 따지면서 모으다 보니 이렇게 된 것이 아니라, 아이 클라우드(iCloud)에 창업 시작부터 현재까지 모든 파일을 업로드해서 클라우드의 연동성을 포기할 수 없었기 때문입니다. 당연히 저처럼 모든 제품을 한 브랜드로 통일하지 않은 작가님도 많습니다. 그래서 솔직히 말하면, 장비 자체에 대한 고민은 그렇게 중요하지 않은 것 같습니다! 가장 중요한 건 기획력이니, 당장 앞에 있는 종이에 스케치를 하고 아이디어를 모으면서 장비 고민도 겸하면, 조금이라도 빠르게 시작할 수 있다고 생각합니다.

개인마다 선호하는 작업 사이즈가 다르고 무게와 작업 스타일도 다르기에 스토어에서 테스트를 해보시는 것을 추천합니다. 또 이동이 잦으신 분들은 직접 비슷한 사이즈의 종이를 들고 다녀보거나, 구매하기 직전에 딱 하루만이라도 그 무게에 맞춰 생수병을 가방에 넣고 다니는 등 신중하게 구매하시기 바랍니다.

Lesson 02
나에게 맞는 프로그램 찾기

장비를 구했으니 이제는 소프트웨어를 선택합니다. 처음 익숙해진 그래픽 툴은 손에 익기만 하면 오래도록 다양한 방법으로 활용할 수 있습니다. 디자인 분야에서는 주로 어도비 프로그램을 많이 사용합니다. 그래픽 툴을 고르기 전에 먼저 필수 개념인 비트맵과 벡터를 간단히 살펴봅니다.

● 비트맵과 벡터의 차이

우선 비트맵(Bitmap)과 벡터(Vector)를 구분해야 합니다. 그래픽 툴마다 이미지 방식을 지원하는 종류가 다르기 때문입니다. 같은 어도비의 프로그램이라도 포토샵은 비트맵 방식을 사용하고, 일러스트레이터는 벡터 방식을 사용합니다.

작업을 할 때 선 자체의 굵기를 자주 바꿀 예정이거나, 아직 자신의 스타일을 만들어 가고 있는 상황이라면 비트맵보다는 벡터 기반의 프로그램을 사용해서 작업을 추천합니다. 그래야 다시 작업을 하는 시간을 줄일 수 있습니다. 두 방식의 차이를 알고 프로그램별 특징에 대해 설명을 들어야 나에게 맞는 프로그램을 한결 빠르게 찾을 수 있겠죠?

비트맵 이미지란?

디지털 기기의 화면을 볼 때, 우리의 눈에 보이는 하나의 완성된 글자 혹은 이미지를 계속 확대하면 아주 작은 사각형들이 보이는데요, 이것을 픽셀(Pixel)이라고 부릅니다. 비트맵은 색상을 갖고 있는 아주 작은 사각형인 픽셀의 집합으로, 비트맵 방식으로 만든 이미지는 무리하게 크기를 키우거나 너무 줄이면 이미지에 손상이 올 수 있습니다. 우리가 '이미지가 깨졌다!'고 말할 때 보는 이미지는 비트맵 방식으로 만든 이미지입니다. 대표적인 포맷으로 PNG, JPG, GIF 등이 있습니다.

벡터 이미지란?

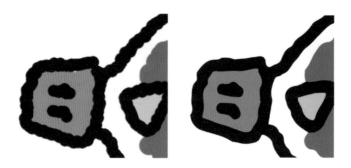

왼쪽은 비트맵, 오른쪽은 벡터 이미지를 확대했을 때

벡터는 비트맵처럼 픽셀을 사용하지 않고, 수학 기반으로 곡선과 선으로 이미지를 표현하는 방식입니다. 따라서 확대해도 비트맵처럼 이미지가 깨지지 않습니다. 또한 비트맵 이미지는 작업을 하다가 선의 굵기를 변경하고 싶으면 처음부터 다시 작업을 해야 하지만, 벡터 이미지는 훨씬 빠르고 편리하게 변경할 수 있습니다. 대표적인 포맷으로는 AI, EPS, SVG 등이 있습니다.

그래픽 툴의 종류

포토샵

일반적으로 포토샵은 이미지 편집 프로그램으로 많이 알려져 있지만, 이모티콘 제작에서도 떼려야 뗄 수 없는 프로그램입니다. 타블렛을 사용한다면 스케치 단계에서도 포토샵을 사용할 수 있습니다. 꽤 역사가 오래된 프로그램이라 인터넷에서 다양한 종류의 무료 브러시를 다운로드하기 편리하며, 포토샵 사용법과 관련된 다양한 정보와 강좌를 찾을 수 있습니다.

포토샵 로고

또한 여러 차례의 대규모 업데이트를 통해 사진 보정부터 드로잉 작업까지 대부분의 기능을 포함한 유용한 프로그램입니다.

그러나 포토샵은 비트맵을 사용하기 때문에, 과도하게 이미지를 확대하거나 축소하면 이미지가 깨지는 문제가 발생합니다. 또한 이미 그린 선이나 테두리 선을 조절할 수 없습니다. 하지만 다양한 편집, 필터, 보정 기능을 가지고 있어서 손으로 그리지 않아도 쉽게 효과적으로 연출할 수 있습니다.

또한 포토샵은 이모티콘을 제작하고 최종 파일화를 할 때 필수적인 애니메이션 프레임 기능을 지원합니다. 이 기능으로 이모티콘을 움직이게 하는 모션 작업이나 최종 파일화에 필요한 확장자로 작업을 바꾸는 작업이 가능합니다.

일러스트레이터

포토샵과 비슷한 어도비의 프로그램이지만, 가장 큰 차이점은 벡터 기반이라는 점입니다. 벡터 이미지로 구성되기 때문에 크기 변경이나 요소들의 굵기를 이미지 손상 없이 수정하고 변경하기 편리합니다. 그래서 처음부터 디자인을 해야 하는 분야에서 많이 사용합니다.

일러스트레이터 로고

벡터 이미지는 패스(Path)라고 부르는 선분이 기본적인 요소입니다. 이 패스들은 전부 하나하나 선택하여 움직일 수 있습니다. 따라서 선을 그리다가 실수를 하거나 특정 부분이 마음에 들지 않을 때, 전체를 다시 그리지 않고도 특정 부분의 패스만 조정할 수 있어서 간편합니다.

그리고 변형을 줘도 비트맵처럼 깨짐이 없습니다. 그래서 복사 및 붙여넣기가 용이합니다. 따라서 모든 프레임을 다시 그려 일부러 자글자글하게 표현하는 그림체보다는 깔끔한 그림체와 모션을 특징으로 한 그림 작업이 더 어울립니다.

일러스트레이터는 선 굵기도 마음대로 바꿀 수 있고, 크기도 자유롭게 줄일 수 있으니 다른 것은 필요 없는 최고의 툴이라고 생각할 수도 있습니다. 하지만 포토샵처럼 프레임 애니메이션 기능은 없습니다. 물론 이 부분도 숙련되면 프레임 애니메이션 기능 없이 바로 일러스트레이터에 모션 작업을 하시는 작가님도 있습니다.

일러스트레이터는 다양한 사이즈로 변경이 필요한 작업에 효과적입니다. 실제 물건으로 제작을 할 때 이미지 깨짐 등 문제가 발생할 수 있는 굿즈(디자인 문구) 제작에 탁월한 프로그램입니다. 그래서 저는 실물 굿즈 스티커를 만들 때 칼선 등을 추가하는 방식으로 많이 사용합니다. 포토샵과 일러스트레이터를 모두 사용하고 싶다면 어도비 공식 사이트에서 다양한 묶음 플랜을 지원하고 있으니 꼼꼼하게 살펴보세요.

프로크리에이트

아이패드, 맥 등 애플의 iOS 환경에서만 사용할 수 있는 앱입니다. 디지털 드로잉 분야의 많은 작가들이 사용하고 있으며, 이 책에서도 프로크리에이트를 사용하여 이모티콘을 제작해 봅니다. 이 앱은 쉽게 설명하자면 어도비 포토샵의 드로잉 기능을 아이패드의 휴대성에 맞춰 나온 앱입니다.

프로크리에이트

프로크리에이트는 포토샵처럼 비트맵을 사용하기 때문에 그리는 도중에 사이즈를 변경하거나 선 단위의 수정이 어렵다는 단점을 가지고 있습니다. 또한 사용하는 디바이스에 따라 레이어 수가 많아지거나 그림의 용량이 무거워지면 예상치 못한 오류가 발생하기도 합니다.

하지만 매월 결제되는 프로그램에 비하면 딱 한 번 결제로 계속 사용할 수 있어서 마음이 편합니다. 아이 클라우드(iCloud) 가족 공유 기능을 쓰는 계정이라면, 가족으로 묶인 기기들도 앱을 공유해서 사용할 수 있습니다. 또한 주기적으로 업데이트가 진행되기 때문에 사용할 수 있는 기능들이 지금도 늘어나고 있습니다. 물론 업데이트에서 간혹 자잘한 오류가 있어서 조금의 인내심이 필요하기도 합니다.

이렇게 경제적으로 여러 장점이 있어서 사용자가 많기 때문에, 인터넷에서 다양한 무료 브러시가 활발하게 공유되고 있습니다. 또한 프로크리에이트로 특정한 질감(크레용, 수채화,

연필 등)을 표현하는 브러시를 직접 제작하여 판매하는 작가님들도 있어서, 다양한 질감의 브러시를 찾아볼 수 있습니다. 또 직접 프로크리에이트에서 나만의 브러시를 만들 수도 있습니다.

포토샵의 애니메이션 기능처럼 애니메이션 어니언 스킨(이전 프레임의 그림이 보이는 기능)을 지원하기 때문에 모션 작업에도 적합합니다. 이러한 작업 과정을 저장하여 비디오로 내보내는 기능도 다른 프로그램을 쓸 필요 없이 기본으로 내장되어 있습니다. 그래서 작업 내용을 유튜브에 업로드하여 수익을 창출하기에도 용이합니다.

> **NOTE** **3D 이모티콘으로 블루 오션 노리기**
>
> 최근에는 3D 모델링 작업이 된 파일을 색칠할 수 있는 기능도 추가되었습니다. 그래서 3D 작업을 진행한다면 한층 더 효율적으로 작업할 수 있게 되었습니다. 특히 3D 이모티콘은 제안 수가 다른 종류에 비하면 많지 않아서, 간단하더라도 3D로 작업했다면 비슷한 콘셉트의 다른 종류보다 승인과 더 가까워질 수도 있습니다. 프로크리에이트의 이러한 신기능 업데이트를 활용하는 승인 전략도 고려해 보세요.

또한 오프라인 애플 스토어에 직접 방문하면 아이패드 샘플 기기에 프로크리에이트가 기본으로 설치된 곳도 있습니다. 매장을 방문했다면 프로크리에이트가 있는지 살펴보고 간단한 테스트를 해보시기를 추천합니다.

Tip 저는 낙서 같은 짜글거리는 느낌의 자연스럽게 움직이는 이모티콘 작업을 주로 진행합니다. 그래서 대부분의 경우 해당 앱으로 프레임 바이 프레임으로 그리는 식으로 작업을 진행하고 있습니다. 그리고 휴대성을 중시하다 보니 프로크리에이트가 제일 편하고 접근성이 빠르다 보니 자주 사용하게 되었습니다.

클립 스튜디오 페인트

포토샵과 일러스트레이터는 일반적으로 데스크톱 컴퓨터에서 사용하고, 프로크리에이트는 아이패드에서 사용할 수 있습니

클립 스튜디오 페인트

다. 클립 스튜디오 페인트는 컴퓨터뿐만 아니라 아이패드, 갤럭시 탭 등 태블릿PC에서도 사용할 수 있습니다. 또한 스마트폰 버전도 있기 때문에, 여러 기기에서 작업이 가능하다는 장점이 있습니다.

클립 스튜디오 페인트의 가장 큰 장점은 비트맵과 벡터로 전부 작업이 가능하다는 것입니다. 하나의 레이어만 벡터 레이어로 작업을 하고, 선 굵기 등 특정한 부분을 수정할 때 벡터 선에 생긴 패스 점을 조정하면 간단하게 수정할 수 있습니다. 다른 프로그램에서 특정한 부분을 깨끗하게 칠하려면 일반적으로는 애초에 빈틈이 없이 스케치를 해서 채우기 기능을 사용하거나, 칠하는 면에 튀어나온 부분을 지우며 작업해야 합니다.

하지만 클립 스튜디오 페인트는 자동 인식 기능으로 칠하는 면이 뚫려 있어도 원하는 부분만 칠할 수 있는 기능이 있습니다. 이 기능은 거의 모든 작업이 PNG 형식인 이모티콘에서 시간을 많이 절약할 수 있게 도와줍니다. 또한 클립 스튜디오 페인트는 애니메이션 프레임 기능도 지원합니다. 따라서 포토샵이나 프로크리에이트처럼 이전 프레임을 어니언 스킨으로 보며 작업할 수 있습니다.

이러한 이유들로 예전에는 만화와 웹툰 분야의 작가님들이 주로 사용하던 프로그램이지만, 현재는 이모티콘 분야에서도 많이 사용하고 있습니다.

NOTE 클립 스튜디오 페인트는 조금 어렵다

여기까지의 소개만 보면 클립 스튜디오 페인트가 벡터화도 되고, 채우기도 쉽고, 애니메이션까지 지원되니 모든 그림 작업에 가장 최적화되었다고 생각할 수도 있습니다. 하지만 클립 스튜디오 페인트는 전문가를 위한 프로그램이라서, 입문자의 입장에서는 지나치게 세세한 조절을 고민해야 하는 불필요한 기능이 많고, 원하는 기능을 바로바로 찾기에는 UI가 복잡하다고 느껴지는 편입니다. 그래서 어느 정도 진입 장벽이 있습니다. 더구나 데스크톱 컴퓨터가 아니라 아이패드 등 모바일 기기로 작업을 한다면, 화면의 아이콘이 너무 작다고 느껴질 수도 있습니다.

클립 스튜디오 페인트의 공식 사이트에서 계정을 만들면 3개월간 무료 체험을 해볼 수 있으니 바로 구매하지 말고, 체험을 해본 후에 구매를 할지 결정하시기 바랍니다. 또한 클립 스튜디오는 매년 50% 할인 행사를 하고 있습니다. 구매를 결정했다면 가까운 할인 시기를 알아보면 좋습니다.

그래픽 툴별 특징 정리

	포토샵	일러스트레이터	프로크리에이트	클립 스튜디오 페인트
비트맵	O	X	X	O
벡터	X	O	X	O
장비	데스크톱	데스크톱	아이패드	데스크톱, 아이패드, 갤럭시 탭, 모바일
프레임 애니메이션	O	X	O	O
최종 파일화	O	△	△	O
배경	정기 결제(구독)	정기 결제(구독)	1회 구매	정기 결제(구독)

Chapter 4

나만의 캐릭터 만들기

Lesson 01
멀리서 봐도 내 거인 캐릭터

이모티콘 시장은 매일 이모티콘이 출시되고 트렌드도 회전율이 빠릅니다. 스토어의 화면에 표시되는 이모티콘들의 사이즈가 작기 때문에, 바로 사용자에게 눈에 띄기 위해서는 얼핏 보아도 특징이 뚜렷해서 다른 이모티콘과 구분되는 개성이 필요합니다. 캐릭터를 제작하는 방법을 살펴보면서 개성을 부여하는 방법을 알려드리겠습니다.

형태와 비율

모양새로 구분하기

우리는 특정 사물을 볼 때 세세한 디테일들도 보지만, 가장 중요하고 먼저 보는 요소들은 형태와 비율입니다. 아래 그림을 보면 어떤 과일이 생각나시나요?

그림자 실루엣 그림

정답은 사과, 배 그리고 레몬입니다. 모두 같은 원에서 시작하는 과일들이지만 사과는 위쪽이 볼록하고 아래가 살짝 들어간 형태를, 배는 아래가 볼록하고 위는 홀쭉한 형태를, 그리고 레몬은 가운데가 볼록하여 양옆이 홀쭉한 특징을 가지고 있습니다. 이처럼 과일들의 잎

사귀나 꼭지 같은 다른 디테일들이 나타나지 않아도 우리는 형태와 비율만으로 사물을 판별할 수 있습니다.

사과, 배, 레몬 그림

이모티콘은 주로 아주 작은 사이즈로 사용됩니다. 그렇기에 첫눈에 봤을 때 얼굴, 소품 같은 특징들이 눈에 띄기보다는 전체적인 비율과 캐릭터의 사이즈가 가장 눈에 먼저 들어옵니다. 그러니 이모티콘을 만들 때 고려할 다양한 요소 중에서도 캐릭터의 형태와 비율은 가장 중요한 요소라고 할 수 있습니다.

비율을 유지하며 캐릭터를 그린 예시

동일한 얼굴을 사용해도 캐릭터의 형태와 비율에 따라 전체적인 이미지와 개성이 다르게 느껴집니다. 디즈니의 캐릭터 디자이너들이 캐릭터를 디자인할 때 가장 중요하게 생각하는 요소가 형태와 비율이라고 합니다. 이는 한 영화 속 캐릭터들이 모두 비슷한 형태와 비율로 등장하면 캐릭터의 느낌이 비슷하게 느껴지기 때문입니다. 다양한 비율과 형태로 디자인해서 디테일한 요소를 디자인하기 전에도 각각의 캐릭터들을 구분할 수 있게 제작한다고 합니다.

현재 카카오 이모티콘에서 가장 많이 출시되는 동물형 캐릭터는 개와 고양이입니다. 지금도 개와 고양이 캐릭터들이 출시되고 있지만, 똑같은 사람이 없는 것처럼 각 캐릭터만의 분위기가 있습니다. 동일한 동물 캐릭터라고 해도 그 이모티콘 캐릭터만의 개성이 있는 형태를 가지기 위해서는 두 가지를 고려해야 합니다. 일반적으로 우리가 그 동물을 떠올리면 생각나는 형태와 비율을 따라가면서도, 동시에 내 캐릭터만의 특징을 표현하는 것입니다.

예를 들어, 토끼 캐릭터를 살펴볼까요? 토끼는 다른 동물 캐릭터에 비하면 귀가 크다는 토끼만의 특징이 있습니다. 그런데 아래와 같이 이모티콘으로는 다양한 분위기를 가진 토끼들이 있습니다.

DK – 더 작아진 오버액션 토끼, EB – 오르락 내리락 망상리 토끼들, 툰스 – 둥기둥기 사랑둥이 하양토끼 하루

귀가 큰 토끼의 형태를 유지해서 다양한 비율로 각자의 개성을 표현했습니다. 이처럼 구분되는 캐릭터를 제작할 때는 완전히 새로운 형태를 찾아 나서는 것이 아니라, 이미 있는 형태에 나만의 개성을 부여하는 것이 중요합니다.

(Tip) 원래의 모양을 지나치게 신경을 쓰면서 그리면, 같은 동물을 사용한 다른 캐릭터들과 비슷할 수도 있습니다. 그렇다고 아예 차별화를 시키면, 보는 사람에게 너무 낯설게 느껴질 수도 있습니다. 따라서 자신만의 기준으로 비율을 조절하면서 여러 버전으로 그리며 알맞은 밸런스를 찾아보세요.

콘셉트에 맞는 캐릭터 비율 찾기

이모티콘 기획을 하며 배웠듯이 우리는 단순히 귀엽고 예쁜 캐릭터를 디자인하는 것이 아니라 콘셉트에 맞는 이모티콘을 제작하려고 합니다. 그렇다면 콘셉트에 맞춰서 비율과 형태를 설정하는 것이 중요하겠죠.

예를 들어, 따뜻한 메시지를 전달하는 콘셉트의 이모티콘으로 타깃 연령대를 40대로 잡았다면 동글동글하고 부드러운 느낌의 비율을 고민해야 합니다. 유행하는 짤을 사용하며 20대가 타깃 연령대라면 고양이의 귀여운 얼굴에 사람 몸 형태로 제작하여 병맛 느낌을 극대화할 수도 있습니다. 두 캐릭터가 동시에 등장하는 커플티콘은 한층 더 단순화시켜서 그림이 복잡해지지 않게 디자인을 하는 것이 좋습니다. 아래의 이미지와 같이 연령대별로 인기 있는 캐릭터 비율이 조금씩 다릅니다.

귀햄 – 일상에 필요해요 귀햄티콘! 3, 올소 – 언제나 김춘배요, MOH Inc. – 오늘의 짤 #이런 짤 같은 인생, 오니기리 – 오니기리는 너무 좋아요

🔵 비율 유지의 중요성

미술 학원에 가면 시점이라는 개념을 배웁니다. 시점은 쉽게 설명하자면 '그리는 대상이 어디를 바라보고 있는지'입니다. 여러 시점을 그릴 때 가장 중요한 것은 비율 유지입니다. 이모티콘은 감정을 표현하기 때문에 대부분 움직이는 행동을 취하고 있습니다. 하지만 결국에는 다양한 시점과 방향에서 캐릭터를 그릴 수 있어야 합니다. 또한 기획과 디자인 과정에서 만들어진 캐릭터의 특징을 행동에 녹여내서 개성을 여러 단계에 걸쳐 업그레이드할 수 있어야 합니다.

가장 편하게 그리는 법은 스케치 선으로 비율을 먼저 표시하고 캐릭터에 어울리도록 도형의 자리를 잡는 것입니다. 이 과정은 디지털로 해도 되고, 종이도 상관없습니다. 총 세 가지(왼쪽, 정면, 오른쪽) 방향을 연습합니다. 뒷모습을 그리는 것도 도움이 되지만 우선 다음과 같은 시점부터 연습해도 괜찮습니다.

시점이 바뀌어도 비율 유지

기본형 그리기

기본형으로 나의 캐릭터를 그리는 건 간단하지만 가장 중요합니다. 정면을 제대로 그릴 수 있어야, 방향을 바꿔도 어색함 없이 제작할 수 있기 때문입니다.

1 캐릭터가 정자세로 앞을 보고 있는 모습을 그립니다. 비율을 나누는 빨간색 스케치 선은 정수리의 끝, 중간은 턱, 아래는 발끝의 선입니다. 내가 만들 캐릭터의 머리 크기를 고려하여 중간의 선을 움직여 비율을 조절합니다. 이 선을 기준으로 머리 크기와 다리 길이가 정해지며 캐릭터의 이미지도 달라집니다.

비율에 따른 선 설정 예시

Tip 귀여운 어린이 느낌은 다리가 짧고 얼굴은 크게, 듬직하거나 실제 사람 비율에 가깝다면 중간에 있는 목 선을 위쪽으로 잡아서 얼굴은 작고 몸통이 늘어나게 합니다.

2 얼추 비율을 정했다면 도형 위치를 잡아 보겠습니다. 캐릭터를 살짝 실눈을 뜨고 보면서 어떤 형태로 완성될지 가늠해 봅니다. 그리고 이 모양에 맞게 도형의 비율을 그려 봅니다. 이 과정에서 몸통에 붙일 귀, 손, 발 등의 크기, 위아래 비율을 비교하면서 비율을 맞춰야 합니다. 지금은 너무 진하게 그리지 않고 연한 스케치 선으로 그립니다.

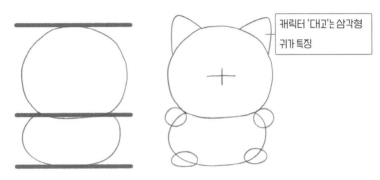

> 캐릭터 '대고'는 삼각형 귀가 특징

대고의 비율을 도형으로 잡는 과정

3 캐릭터의 특징적인 부분들을 도형 위에 얹어 줍니다. 팔다리도 도형으로 러프하게 나눠줍니다. 큰 디테일 위주로 이 단계에서 만듭니다. '대략햄'은 원으로 귀와 볼 부분을 간단한 도형으로 잡았습니다. 또 다른 캐릭터 '대고'의 귀를 삼각형으로 잡았습니다.

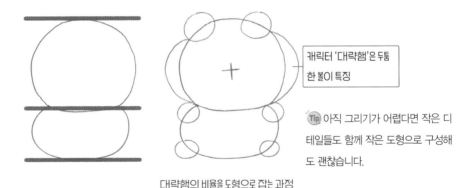

> 캐릭터 '대략햄'은 두툼한 볼이 특징

Tip 아직 그리기가 어렵다면 작은 디테일들도 함께 작은 도형으로 구성해도 괜찮습니다.

대략햄의 비율을 도형으로 잡는 과정

4 도형의 외곽 라인을 선명하게 따며 마무리합니다. 이때 꼭 이전 스케치를 정확하게 따라서 그릴 필요는 없습니다. 전체적인 형태의 비율을 중시하며 따라서 그립니다. 얼굴을 구성하는 눈, 코, 입도 이 단계에서 추가했습니다.

고양이 대고 & 햄스터 대략함의 기본형

5 이렇게 캐릭터의 기본형이 완성되었습니다. 기본형은 새로운 캐릭터를 막 만들기 시작했을 때나 처음 기획과 캐릭터 콘셉트가 잘 어울리는지 확인할 때 사용합니다. 저는 새로운 이모티콘을 그릴 때는 기본형을 항상 옆에 두고 비교하며 비율이나 형태가 달라지지 않게 자주 참고합니다.

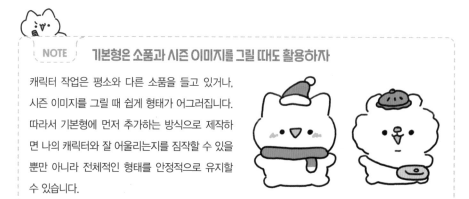

NOTE **기본형은 소품과 시즌 이미지를 그릴 때도 활용하자**

캐릭터 작업은 평소와 다른 소품을 들고 있거나, 시즌 이미지를 그릴 때 쉽게 형태가 어그러집니다. 따라서 기본형에 먼저 추가하는 방식으로 제작하면 나의 캐릭터와 잘 어울리는지를 짐작할 수 있을 뿐만 아니라 전체적인 형태를 안정적으로 유지할 수 있습니다.

다양한 시점 그리기

1 먼저 기본형인 정면을 바라보는 캐릭터를 준비합니다.

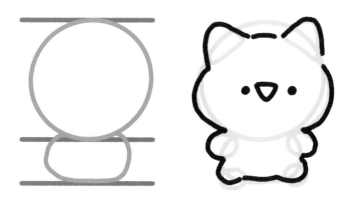

2 기본 시점의 비율을 참고하여, 얼굴이 바라보고 있을 방향을 향해 십자형 선을 그립니다. 이때 구의 형태를 따라 간다고 생각하며 그립니다. 몸통은 비율 선을 신경 쓰면서 얼굴의 십자 방향에 맞춰 한쪽을 조금 더 길게 그려 줍니다.

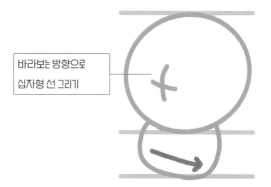

바라보는 방향으로
십자형 선 그리기

Tip 만약 종이에 그리고 있다면, 여백을 이용해서 비율 선을 길게 이어서 비율을 유지하면서 옆에 캐릭터의 머리가 되는 새로운 구(원형)를 그려도 좋습니다.

3 이제 기본형처럼 **포인트**를 간단하게 표시해 줍니다. 예를 들어, 고양이 귀가 포인트라면 십자형 선으로 얼굴의 방향을 감안하여 귀의 방향을 맞춰 그립니다. 돌아간 쪽의 귀는 얼굴에 가려 작게 보이므로 조금 더 작게 잡아 줍니다. 몸통도 마찬가지로 가까이 있는 쪽은 조금 더 크게, 몸통에 가려진 쪽은 작게 모양을 잡아 줍니다.

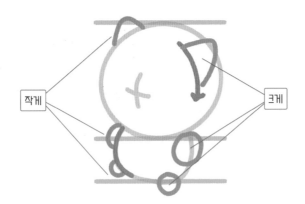

4 이제 보조 선을 기반으로 기본형을 그릴 때처럼, **테두리**를 딴다고 생각합니다. 이때 구의 형태를 완전히 따라가면 캐릭터가 처음 기획과 다르게 되거나, 뒤통수가 너무 동글동글해서 어색하게 느껴질 수도 있습니다. 구의 형태나 기호 자체의 형태들은 비율을 맞춰주는 용도라고 생각하며 조금씩 수정하며 캐릭터의 형태를 잡아갑니다.

Tip 저는 잘 보이려고 오른쪽에 복제해서 작업했지만, 그냥 비율 스케치 위에 바로 그려도 괜찮습니다.

5 머리의 십자형 선은 바라보는 시점을 표현하므로 얼굴도 이를 따라가야 합니다. 십자형 선의 방향을 고려하여 눈을 만들고, 입도 십자형 선의 가로에 맞추어 되도록 평행하게 그립니다. 아까 귀의 포인트를 만들 때처럼 구의 굴곡을 따라가며 자연스럽게 그립니다.

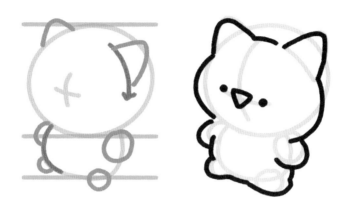

 NOTE **어디를 바라보는지 확실하게 표현하자**

귀와 팔을 그릴 때 가까운 쪽의 귀를 조금 더 크게 표현한 것처럼, 얼굴도 가까운 쪽의 여백을 더 넓게 표현해야 합니다. 행동을 하는 몸통도 똑같이 적용하면 시점이 더 잘 느껴지는 그림을 그릴 수 있습니다.

6 반대쪽을 보고 있는 캐릭터도 똑같은 방법으로 방향을 잡은 후에 그립니다.

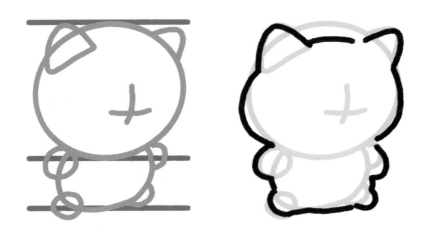

이렇게 기본 시점의 비율을 유지하며 시점을 돌려서 그리는 법을 배워 봤습니다. 처음에는 도형과 비율 선에 많이 의존해서 그리게 되지만, 캐릭터가 점점 익숙해지고 손에 익을수록, 점차 도형과 비율 선이 없어도 캐릭터의 정체성을 유지할 수 있을 것입니다.

열심히 만들었는데 다 비슷하게 느껴져요

이모티콘은 작업 사이즈가 작고, 캐릭터의 모션도 짧게 지나갑니다. 따라서 일러스트나 다른 그림 작업보다는 시점 연습이 중요하지 않다고 느낄 수도 있습니다. 하지만 실루엣이 전부 정면을 보고 있으면 아무리 다양한 행동을 취하고 있다고 해도, 이모티콘 전체가 비슷비슷해 보입니다.

아래 이모티콘은 제가 작업 초기에 미승인을 받은 이모티콘입니다. 시점이 비슷하고 정면을 보고 있는 컷이 너무 많다 보니, 표현이 다양해도 특색이 느껴지지 않습니다.

비슷비슷하게 느껴지는 미승인 이모티콘

Lesson 02
깔끔하게 눈에 띄는 캐릭터

이전 레슨에서 멀리서 봐도 내 거인 캐릭터를 만들기 위해 형태와 비율의 중요성을 알아보았습니다. 이번에는 채팅창에서 작은 이모티콘 캐릭터가 잘 보일 수 있도록 색상을 설정하고 소품을 결정하는 방법을 살펴보겠습니다.

나만의 색상 팔레트 만들기

색상 팔레트의 중요성

우리가 일상에서 특정 사물을 알아보려면 색상 팔레트도 굉장히 중요한 역할을 합니다. 캐릭터는 한 번 만들면 항상 비슷한 색상을 사용합니다. 아래의 예시는 우리에게 친숙한 캐릭터인 짱구, 미키마우스, 피카츄를 표현한 색상 팔레트입니다. ❶번부터 ❸번까지의 팔레트를 보고, 각각 어떤 팔레트가 어떤 캐릭터를 나타냈는지 맞춰볼까요? 조금 어려울 수도 있습니다!

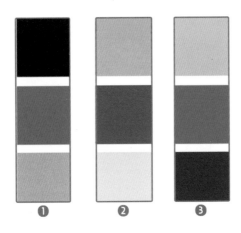

정답은 ❶번이 미키마우스, ❷번이 짱구, ❸번이 피카츄입니다. 이번에는 다시 색상 팔레트를 보며, 각각 어떤 색상이 캐릭터의 어디에 쓰였는지 유추해 보세요. 캐릭터의 색상 팔레트가 익숙해지면, 어떠한 형태와 딱히 힌트도 없지만 색상을 보기만 해도 그 캐릭터의 특징이 떠오를 만큼 색상 팔레트는 중요합니다. 그렇다면 우리는 어떻게 매력적이고 개성 있는 색상 팔레트를 설정할 수 있을까요?

출처: 넷플릭스

60/30/10 법칙

저는 평소에 60/30/10 법칙을 사용해서 팔레트를 정하곤 합니다. 이 법칙은 다양한 디자인 분야에서 많이 사용되며 정말 간단합니다. 바로 캐릭터를 이루는 색상 팔레트를 60%는 배경색, 30%는 보조색, 10%는 강조색을 사용하는 법칙입니다. 하지만 우리가 만드는 이모티콘은 최대한 간단하게 캐릭터를 표현하기 때문에 항상 이 법칙을 맞추기는 어렵습니다.

그래도 캐릭터를 꾸미는 소품의 색상을 이 비율을 고려하여 배치하거나, 캐릭터의 감정을 나타낼 때 디테일을 표현하는 요소로 사용하면 조금 더 통일감이 느껴집니다. 나중에는 색상을 보기만 해도 캐릭터가 떠오를 때도 있습니다. 유명한 프랜차이즈의 로고 색상을 얼핏 보아도 그 로고가 떠오르는 것과 비슷한 원리입니다. 이렇게 색상 팔레트가 사용자에게 익숙해지면, 그 사용자는 이모티콘 스토어에서 여러분의 캐릭터를 더 잘 알아보겠죠?

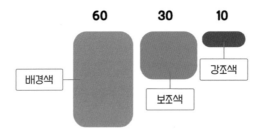

60/30/10 법칙 예시

대고에 적용된 색상 팔레트

제가 사용하는 드로잉 앱인 **프로크리에이트**는 색상 기능에서 자신이 자주 사용하는 색상을 모아 놓는 팔레트를 만들 수 있습니다. 그래서 캐릭터별로 색상 팔레트를 따로 정해 두고 그 캐릭터 작업을 할 때 필요한 팔레트를 꺼내서 작업을 하고 있습니다. 이렇게 작업을 하면 비슷한 느낌의 색상이 너무 많이 추가되어 점점 복잡해지거나, 같은 캐릭터를 그릴 때마다 예전에 사용한 색상의 조합이 뭐였는지 고민할 필요가 없어서 작업 효율이 올라갑니다.

비슷한 색감

색상 팔레트는 처음부터 자신이 좋아하는 색으로 구성해도 되지만, 이모티콘 스토어에서 인기가 있는 이모티콘들의 색상을 분석해보는 것도 좋은 연습이 됩니다. 아무래도 대중에게 익숙한 색들이 자연스레 인기를 끄는 경향이 있기 때문에 이러한 색상들의 구성을 살펴보고 내 이모티콘의 개성을 살릴 때, 적절히 적용하는 방법을 생각하면 좋을 것 같습니다.

Tip 만약 이러한 과정을 거쳐도 마음에 드는 팔레트를 정하지 못했다면, 구글 또는 핀터레스트(https://www.pinterest.co.kr/) 등의 사이트에서 '색상 팔레트'라고 검색을 합니다. 다양한 사이트에서 이미 조화로운 색상 팔레트가 많이 구성되어 있으니 이를 참고하여 구성하는 것도 좋은 방법입니다.

색상 팔레트로 나타내는 이모티콘 분위기

이모티콘에서 색상은 캐릭터의 정체성뿐만 아니라 감정과 콘셉트를 나타낼 때도 사용됩니다. 예를 들어, 개그감을 살린 병맛 낙서티콘이라면 어떤 색상이 좋을까요? 여기서 파스텔 색상 팔레트를 설정한다면 은근히 부드러운 분위기가 형성되므로 콘셉트의 표현력이 덜합니다. 반면에 온화하고 착한 인상을 풍기는 캐릭터를 표현하고 싶다면 캐릭터 디자인과 상관없이 강렬한 느낌을 주는 원색 팔레트는 지양하는 편이 낫습니다. 이렇듯 캐릭터 디자인과 콘셉트에 맞춰 색상 팔레트를 지정합니다.

같은 색상 계열이더라도 다르게 느껴지는 분위기

🔘 소품으로 포인트 주기

마인드맵으로 키워드 발굴하기

지금까지 캐릭터의 콘셉트를 형태와 비율, 색감으로 다른 캐릭터와 차별화하는 방법을 고민해 보았습니다. 이번에는 캐릭터의 성격을 극대화할 수 있는 소품에 대해 살펴보겠습니다. 소품은 캐릭터 고유의 성격을 부각시켜줄 뿐만 아니라, 다른 캐릭터와 차별화되는 포인트가 됩니다.

좋아하는 영화나 만화의 캐릭터를 떠올려 볼까요? 잘 만든 캐릭터는 단순히 캐릭터만의 외형이 아니라, 캐릭터의 포인트가 되는 의상이나 액세서리 또는 사이드킥(Sidekick, 조수처럼 따라다니는 보조 캐릭터)까지 동시에 떠오릅니다. 이처럼 우리의 이모티콘도 캐릭터의 성격을 잘 보여줄 수 있는 소품을 선정해야 한층 더 깊이 있는 캐릭터가 될 수 있겠죠.

저는 캐릭터 소품을 정할 때, 먼저 작성한 기획안을 옆에 두고 떠오르는 모든 관련 소품들을 마인드맵으로 정리하곤 합니다. 예를 들어, 제 캐릭터 대략햄을 같이 살펴볼까요? 다음과 같이 마인드맵은 햄스터를 생각했을 때 기본적으로 떠오르는 소품들 위주로 구성했습니다. 우선 햄스터라는 동물을 정한 후에는 콘셉트와 분위기, 색감까지 골랐으니 이에 어울리는 소품들을 의식의 흐름대로 작성하면 됩니다.

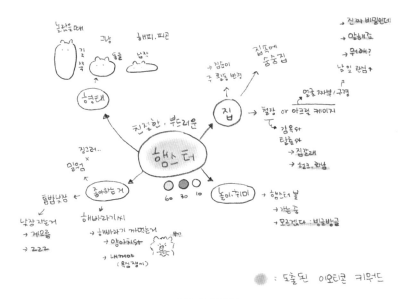

햄스터 마인드맵

햄스터에서 먼저 '집'이라는 키워드를 떠올렸고, 햄스터가 사는 철장이나 아크릴 케이자를 연상했습니다. 톱밥 더미 위에서 해바라기 씨앗을 까먹는 햄스터의 모습이 떠올라서 해바라기 씨라는 키워드를 추가했습니다. 이런 식으로 사용할 만한 소품들을 무작위로 적어 둔 다음에 본제작에서 감정 표현과 하나씩 연결할 수 있습니다. 따라서 이후에 이 소품들을 어디에 쓸지는 당장 결정하지 않아도 됩니다. 우선 최대한 많은 소품과 다양한 특징들을 적는 게 중요합니다.

지렁이네의 대략햄 캐릭터

이렇게 최대한 많은 소품을 적은 다음에, 캐릭터의 성격을 명확하게 보여줄 수 있는 소품들로 추리는 식으로 작업을 합니다.

떠오른 소품들로 만든 이모티콘들

소품으로 색상 포인트 주기

앞에서 설명한 색상 팔레트의 60/30/10 법칙을 적용하기 가장 쉽고 간단한 방법은 바로 색상 팔레트의 포인트를 소품의 색으로 설정하는 것입니다. 이모티콘은 이미지 크기가 매우 작기 때문에 캐릭터 안에서 색상이 자주 바뀐다면, 너무 복잡해서 알아보기가 어려워질 수도 있습니다.

그래서 일반적으로 60%는 캐릭터 본체의 색상, 30%는 소품의 중심 색상, 10%는 소품의 포인트 색상이나 감정 표현으로 사용합니다. 이전에 정한 색상 팔레트를 통해 소품들을 그리면 색상 구성이 점점 사용자의 눈에 익기 때문에, 캐릭터의 형태가 확실하게 보이지 않아도, 소품의 색상으로도 자연스럽게 캐릭터를 연상하게 됩니다. 이렇게 캐릭터의 콘셉트를 드러내는 개성이 넘치는 소품과 나만의 색상 조합이라는 두 가지 요소를 통해 사용자가 캐릭터를 인지하기 점점 쉬워집니다.

비슷한 색감의 소품들

처음부터 완벽한 색상 팔레트를 만들지 않아도 괜찮아요

소품과 색상 팔레트가 처음부터 확정되어 꾸준히 사용하면 좋겠지만, 디자인에서 색상이라는 요소는 트렌드가 변하기 마련입니다. 또한 내 캐릭터의 강점을 살리는 방향으로 콘셉트가 바뀌면서, 캐릭터의 특징을 담는 소품을 변경하고 싶을 때도 옵니다.

어떤 방향이 좋을지 고민이 된다면, 먼저 이모티콘을 시리즈로 기획하여 각각의 개성을 조금씩 다르게 변화를 주고 출시 후에 판매량이나 시장 반응을 살펴보겠다고 결심해도 좋습니다. 점차 더 인기가 있는 방향으로 차근차근 바꿔도 전혀 문제가 없습니다. 그러니 처음부터 완벽한 색상 팔레트와 소품을 정하느라 본격적인 작업의 시작을 망설이지 않으셨으면 좋겠습니다.

냉정하게 말하면 지금 완벽하게 보여도 나중에 실력이 쌓이면서 더 능숙해지면 또 아쉬운 점이 보일 수도 있으니까요. 우선은 처음에 기획한 캐릭터 콘셉트와 스케치에 집중해서 색상 팔레트를 확정 짓고 작업을 하면 고민하는 시간을 더 알차게 사용할 수 있습니다.

시리즈별로는 통일감이 있지만, 이후에는 변경되기도 한다

Chapter 5

캐릭터를 이모티콘으로 기획하기

Lesson 01
이모티콘 기출 문제 풀기

플랫폼마다 승인 비율은 다르지만, 처음 이모티콘 제작을 시작하시는 분들은 매력적인 캐릭터를 만드는 일에만 집중한 나머지 이모티콘 트렌드를 전혀 고려하지 않기 때문에 미승인을 만나기도 합니다. 이번 레슨에서는 미승인 확률을 낮추는 방법과 이모티콘샵에서 제대로 어필할 수 있는 방법이 무엇인지에 대해 배워보겠습니다.

🔍 이모티콘샵 분석하기

시험 공부를 하면 항상 거치는 단계가 있죠. 바로 기출 문제 풀이입니다. 기출 문제를 풀다 보면 시험을 앞두고 어떤 내용이 중요한지 출제자의 의도를 파악할 수 있으며, 핵심 패턴이 보이기 때문에 공부할 범위와 깊이가 좁혀집니다. 이모티콘 시장에서도 기출 문제의 정답지처럼 매일 모범 사례가 공개됩니다. 바로 이모티콘샵의 인기 순위입니다.

카카오 이모티콘샵 인기 순위 예시(데스크톱 버전)

인기 순위를 분석하면 상품성이 보인다

대부분의 이모티콘 플랫폼은 판매량을 기준으로 현재 가장 인기 있는 이모티콘들의 순위를 공개합니다. 카카오 이모티콘의 경우 데스크톱에서 전체 연령에서의 인기 순위를 공개합니다. 또한, 모바일 버전에서는 나이대별 인기 순위를 확인할 수 있습니다. 이러한 순위는 이모티콘을 제작하기에 앞서, 기획의 방향을 잡을 수 있는 중요한 역할을 합니다.

이모티콘은 마음이 가는 대로 그리는 그림 작품이기 전에 '상품'이라는 점을 명심해야 합니다. 따라서 대중의 눈으로 보았을 때, 어떤 상품이 매력적인지뿐만 아니라 다양한 상황에서 사용하기 좋은지를 분석하는 시도는 정말 중요합니다.

그래서인지 이모티콘 순위에 있는 작품을 보고 콘셉트와 캐릭터를 비슷하게 그려서 출시를 시도하는 경우도 많이 있습니다. 하지만 우리의 목적은 무조건 승인을 목표로 캐릭터를 만드는 것이 아닙니다. 나만의 캐릭터를 이모티콘이라는 형식에 맞게 최적화해서 세상에 뽐내는 것이죠!

그래서 지금 우리가 순위를 보는 이유는 트렌드를 파악한 후에 캐릭터의 개성을 고려해서 기획 방향에 도움을 얻으려는 것입니다. 유명한 캐릭터의 특징적인 형태나 콘셉트 등 이런 저런 내용을 의도적으로 베끼거나 조금만 변경하여 출시하는 행위는 장기적으로 결코 바람직하지 못합니다. 그러므로 자신의 기획 콘셉트를 우선 순위에 두고 중심을 잃지 말아야 합니다.

전체 순위를 자주 보면 내 취향이 보인다

정말 처음으로 이모티콘을 제작한다면 아직 본인의 이모티콘 취향을 잘 모를 수도 있습니다. 그러므로 먼저 전체 순위를 보면서 스스로 어떤 종류의 이모티콘을 좋아하는지 알아야 합니다. 당연히 대중의 눈도 중요합니다. 하지만 초심자일수록 자신에게 맞는 형태와 분위기여야 작업하기 수월하고 결과적으로 효율도 좋습니다. 또 자신의 스타일이 나중에 하나의 트렌드가 될 수도 있습니다. 따라서 순위 분석을 하면서 나는 어떤 그림체가 어울리는지도 함께 고민합니다.

그렇게 자신의 취향인 이모티콘을 눈으로 훑으며 확인했으면, 전체 순위 중 1~10위까지를 기준으로 어떤 종류가 인기를 끌고 있는지 확인합니다. 자신이 기억하기 쉬운 단어로 분류하면 더 효과적입니다. 저만의 방식으로는 사람형 + 구체적인 형태(주로 병맛), 동물형(찌글이), 동물형(깔끔), 글자 위주까지 총 네 가지 정도로 분류하곤 합니다. 간단하게 옆에 본인이 분석한 키워드를 쓰는 형식으로 정리하면 됩니다

- 사람형 + 구체적인 형태(주로 병맛)
- 동물형(찌글이)
- 동물형(깔끔)
- 글자 위주

종류를 구분한 후에는 색상 팔레트로 분류를 해줍니다. 기간별로 유행하는 색상이 변하기 때문에 색상도 주의깊게 봐주는 것이 중요합니다. 이모티콘의 색감은 주로 이렇게 분류했습니다. 이모티콘의 종류를 구분한 것처럼 색상 팔레트로 구분하는 것도 자신만의 기준으로 구분해 보세요.

- 다양한 캐릭터 + 다양한 색감
- 하나의 캐릭터 + 다양한 색감
- 실사 사진
- 흰색 캐릭터 + 포인트 색감

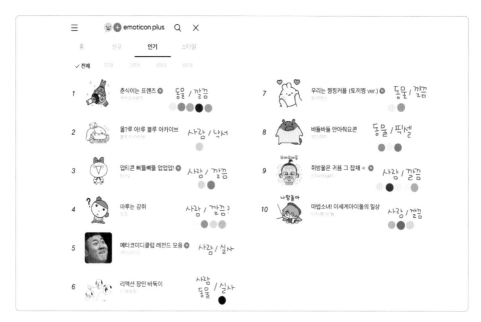

종류, 색감으로 전체 순위를 분류한 예시

종류와 색감을 분류한 후에는, 연령대별로 이동해서 전체 순위와 비교해가며 분석합니다. 예를 들어 전체 1위를 한 이모티콘이 어느 연령대에서 판매량이 많아 1위를 한 것인지를 분석하는 것입니다. 연령대별 판매량이 다르기에 순위의 정도는 달라지지만, 보통 비슷한 유형의 이모티콘들이 특정 나이대에서 인기를 얻어 판매되곤 합니다.

순위 분석을 반복하다 보면 자신이 제작할 이모티콘 종류가 어떤 나이대에 인기가 있겠다는 것을 미리 알 수 있습니다. 그리고 이렇게 나이대가 특정되면, 그 나이대가 좋아하는 멘트(문구)와 감정 표현을 더 심도 있게 고민하며 제작할 수 있겠죠.

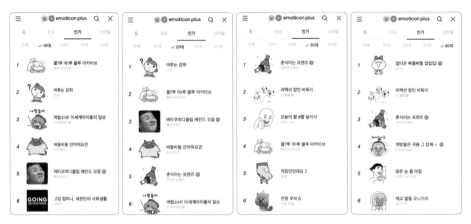

연령대별 순위를 이모티콘 종류와 색감을 고민하여 살펴보기

이렇게 이모티콘의 종류, 색상 팔레트, 연령대별 순위를 각각 살펴본 후에 하나의 이미지로 합쳐서 분석을 요약해 봅니다. 일별 혹은 주별의 트렌드를 한눈에 볼 수 있게 정리가 됩니다. 이 과정은 스마트폰으로 캡처를 하거나, 직접 프린트해서 노트에 정리하는 등 자신이 편한 방법으로 정리합니다.

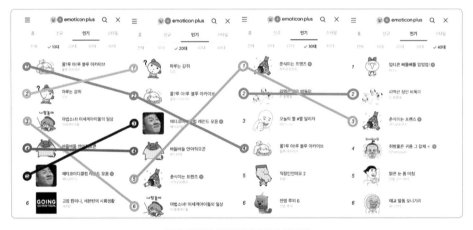

한 페이지에 연령대별 인기 순위 정리

같은 이모티콘이더라도 나이대별 선호도와 각 이모티콘의 전체 판매량을 비교해서 내 이모티콘에 어울리는 타깃 사용자를 찾을 수도 있습니다.

이렇게 트렌드를 정리하고 특징을 분석하는 것만으로도 이모티콘 시장이 어떤 상품들 위주로 흐르고 있는지 알 수 있으니 이모티콘을 제작할 때 시행 착오를 줄일 수 있습니다.

카카오 이모티콘 키워드

키워드로 잘 나가는 순위 특징 찾기

이제까지 어떤 형태의 이모티콘이 유행인지를 알아보았습니다. 이제 본격적인 기획에 앞서 어떠한 키워드들이 유행인지도 찾아보겠습니다. 앞에서 말씀 드렸다시피 이모티콘 샵을 분석하는 것은 기출 문제와 같습니다. 순위를 통해 트렌드를 파악했던 것처럼 이번엔 어떠한 키워드들이 유행하고 있는지를 살펴보겠습니다.

> **NOTE** **카카오톡 이모티콘 플러스를 적극적으로 활용하자**
>
> 카카오톡에는 이모티콘 플러스라는 이모티콘 무제한 요금제가 출시되어 있습니다. 매월 결제하는 구독제 상품이지만, 이모티콘 제작을 하는 기간이라도 구매를 하는 걸 추천합니다. 다양한 이모티콘을 모두 구매할 필요 없이 다운로드하고 실제로 사용하면서 사용자들의 입장에서 이모티콘을 사용해 볼 수 있을 뿐만 아니라, 이모티콘마다 부여되는 키워드 기능 때문입니다.
>
> 또한 이모티콘 플러스를 사용하면 내가 사용한 이모티콘을 클릭했을 때 어느 키워드로 지정되어 있는지 알 수 있는데요. 이 키워드는 작가 개인이 아닌 카카오톡에서 지정하는 것이기 때문에, 지정되기를 원하는 키워드가 있다면 전략적으로 먼저 해당하는 키워드의 예시를 찾아봅니다.

이모티콘 플러스는 입력하는 키워드를 기반으로 내가 사용할 멘트에 맞는 이모티콘을 추천하는 이모티콘 추천 기능이 있습니다. 요즘에는 단품 판매보다도 이모티콘 플러스 사용량 정산이 큰 비중을 차지한다고 합니다. 〈오히려 좋대고〉의 이모트(이모티콘 1개 단위) 중 하나를 예시로 가져왔습니다. 이렇게 같은 키워드라도 이모티콘마다 감정이 다르게 표현된 것을 확인할 수 있습니다.

이모티콘 플러스 키워드 검색

키워드와 표현을 연결하기

이모티콘 플러스에서 정확한 기준은 공개되어 있지 않지만, 개인적인 생각으로는 많이 사용되는 이모티콘일수록 위쪽에 노출되고 있는 것 같습니다. 이렇게 키워드별로 자신이 제작하려는 키워드에서 어떠한 느낌의 표현이 상위권에 분포되어 있는지 고민해 봅니다. 키워드별 노출 순위는 아무래도 신규 이모티콘이 많이 사용되기 때문에 특히 최신 상품 중에 어떤 표현이나 캐릭터가 유행하는지도 함께 확인할 수 있습니다.

키워드 검색 순위권에서 사람들이 많이 사용해야 노출 순위가 유지가 됩니다. 그래야 출시 후에 시간이 지나도 지속적인 수익을 얻을 수 있기 때문에, 같은 감정 표현에서도 어떤 차별화 포인트를 주어서 경쟁력을 가져갈지를 고민할 수도 있습니다.

또 이모티콘 플러스는 '오히려 좋아' 옆을 보면 '긍정, 태세전환, 나쁘지 않아' 등 연관 검색어
도 추천해 줍니다. 만약 내가 제작하려는 키워드가 조금 유행이 지난 것 같거나, 이미 나와
있는 이모티콘과 차별화 포인트가 생각나지 않으면, 연관 검색어들을 참고하여 해당 키워
드들로 제작하는 것도 좋은 방법입니다.

이모티콘 플러스 연관 검색어

시간대별로 인기 있는 키워드

본인이 사용하는 이모티콘과 별개로 지금 뜨는 키워드라는 순위도 지원합니다. 이 키워드는
시간대별로 사람들이 많이 사용하는 키워드들을 집계하여 제공하는 내용입니다. 점심 시
간에는 밥과 관련한 키워드가 많이 뜨고 취침 시간대에는 '잘자', '낼봐' 등 키워드들이 많이
순위권으로 들어오는데요. 매일 비슷한 시간대에 반복되는 키워드들을 잘 살펴본 후에 이
에 맞춰 기획을 하는 것도 좋은 방법입니다.

시간대별 지금
뜨는 키워드

이모티콘 플러스 지금 뜨는 키워드

Lesson 02
이모티콘의 역할 생각하기

점점 일반적인 스티커와 이모티콘의 차이가 느껴지시나요? 스티커는 우리의 일상을 표현하기도 하고 다이어리나 블로그 또는 일기장을 꾸미는 용도로 사용됩니다. 하지만 이모티콘은 대화창에서 글 문자를 대신하거나, 말만으로는 오해를 불러일으킬 수 있기에 이를 방지하기 위해 사용합니다. 이번 레슨에서는 일상 속에서 이모티콘을 기획하는 방법을 함께 살펴볼까요?

이모티콘은 대화의 표정이다

제가 생각하는 이모티콘의 가장 큰 목적은 명확한 감정 표현입니다. 이러한 목적을 충족하면 자연히 많은 사람들이 공감하고, 확실하게 메시지를 표현하기 위해서 대화에 사용하게 되겠죠. 이번에는 자주 사용될 수 있는 이모티콘의 역할에 대해 더 자세히 살펴보겠습니다.

직접 만나서 마주보고 대화를 하는 상황에는 서로의 표정과 행동을 보며 말을 하기 때문에 의도치 않게 오해하는 경우가 별로 없습니다. 만약에 말솜씨가 부족하더라도, 상대의 표정과 행동을 보면 어떤 의도로 하는 말인지 잘 느껴지기 때문입니다.

하지만 글로 대화를 하다 보면 상대방이 어떤 의도로 이러한 말을 하는지 알 수 없을 때가 생깁니다. 상대방이 불편하지 않도록 최대한 부드럽게 말하고 싶으면 일단 물결표(~)를 쓰는 것도 이러한 이유입니다. 예시를 살펴보겠습니다.

표현	표현에 따른 느낌
대고야.	진지한 할 말이 있을 것 같은 분위기
대고야~	친근한 분위기
대고야^*^	기분이 좋음 또는 장난을 치다 화난 분위기

이런 식으로 같은 말을 해도 뒤에 붙는 기호만으로도 대화의 뉘앙스가 바뀝니다. 우리가 사용하는 이모티콘으로 자신이 현재 느끼고 있는 감정들을 표현할 수 있습니다. 아래의 이미지에서 세 가지 종류의 '안녕'이 가진 다른 느낌을 비교해 보세요.

이모티콘으로 다르게 느껴지는 표현들

위의 이미지를 보면 무미건조한 첫 번째에 비하면 두 번째는 그냥 인사말임에도 귀엽고 발랄한 느낌이 표현되므로 신나는 일이 있었는지 물어보고 싶어지기도 합니다. 또한 세 번째는 '하, 인생…'이라는 문구도 있어서, 무언가 좋지 않은 일이 있었거나 피곤한 상태임을 유추할 수 있습니다.

이처럼 이모티콘은 그저 귀여운 것뿐만 아니라 자신의 감정을 얼굴의 표정 대신 상대에게 전달하는 역할을 합니다. 따라서 이모티콘이 대화의 표정이라는 것을 한 번 더 명심하고 일상의 대화에서 자주 사용할 수 있도록 기획 단계에서부터 콘셉트를 잡아가는 것이 중요합니다.

🌑 일상에서 감정 표현의 영감 찾기

마인드맵으로 나 분석하기

이모티콘 강의에서 많이 받는 질문 중 하나가 '선생님, 저는 뭘 그릴지 모르겠어요'인데요. 여러 매체에서 다양한 캐릭터들이 쏟아지고 있기 때문에 특색 있는 캐릭터를 만들기란 막막하고 어려워 보입니다.

이럴 때 가장 먼저 추천하는 방법은 나에 대한 마인드맵 그리기입니다. 저는 주로 마인드맵 그리기를 하면서 내가 만드는 캐릭터의 특징이나 이모티콘 콘셉트를 정하고는 합니다.

그렇기에 제가 진행하는 클래스에서는 첫 수업에서 항상 마인드맵 그리기를 합니다. 처음에는 자신의 특징을 적는 걸 어려워하는 경우가 많습니다. 다른 사람에겐 개성으로 보이는 부분이 오히려 자신에게는 너무 익숙해서 평범하게 느껴지기 때문입니다.

마인드맵 작업을 할 때는 최대한 자세하고 사소한 특징, 좋아하는 일, 취미뿐만 아니라 심지어 멍 때릴 때 자주하는 생각까지 빠짐없이 적으면 다음 단계로 넘어가기 조금 더 쉬워집니다. 마인드맵을 그리는 종이는 깔끔할 필요도, 꼭 정리된 형식이 아닌 메모장에 글줄로 적어도 아무런 문제가 없습니다. 정말로 자유롭게 나에 대한 모든 걸 적어보세요.

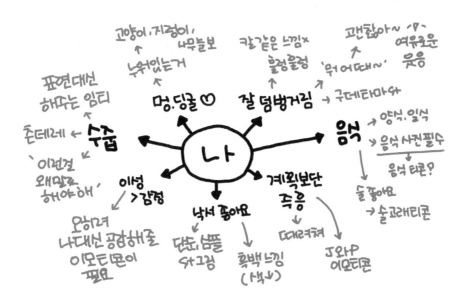

지렁 작가의 나만의 마인드맵 예시

위의 이미지처럼 자신의 평소 성격과 취향을 적기도 하지만, 더 구체적인 아이디어를 고민할 때는 그 주를 살면서 있었던 일이나 좋았던 일을 자세하게 풀어가며 정리하는 시간을 가집니다. 실제로 제가 운영하는 '지렁이네'라는 브랜드명도 마인드맵을 하면서 정하게 되었고, 캐릭터 스타일 또한 이 과정으로 확정했습니다.

우리 모두 특성이 다르고 좋아하는 취향이 다르기 때문에, 이렇게 적기만 해도 꽤나 특색 있는 종이 한 장이 완성됩니다. 이 종이를 이전 챕터에서 만든 이모티콘샵 분석 내용과 나란히 두고 비교하면서 살펴보세요. 아래와 같이 정리하면 최신 트렌드에 은근히 자신의 특색을 녹여내는 방법이 보일 수도 있습니다.

(Ex)

내 특징

1. 차분. 심플. 낙서
2. 덤벙. 무 어때. 여유
3. 딩굴. 누워있는 애
4. 표현 적극 임티 필요
5. 음식. 술 관련
6. 단순. 심플s+

(Ex)

지난 주 트렌드

1. 흐물텅 + 병맛 10/20 강세
2. 또렷. 깔끔 귀여운 캐릭터 steady
   └▶커플 기념일↑ → 커플 임티 강세
3. 흰색 애들 / 베이지↑
4. 특이한 브랜수↑
5. 구체적 상황↓ 순간적으로 나오는 감정↑

⬤ : 덤벙대는 서로 챙기는 커플 컨셉

⬤ : 병맛. 적극. 심플 (강렬한 표현)

⬤ : 흐물텅한 누워서 여유로운 컨셉 (ex. 나무늘보)

나의 특징과 트렌드의 공통점 분석하기

막연하게 살펴보던 이모티콘샵 인기 순위도, 딱히 특색 없어 보이던 나의 특징들도 공통점을 두고 찾다 보면 새로운 이모티콘 콘셉트를 구성할 수 있게 됩니다.

영감 발견의 순간

예를 들어, 저는 누워있는 걸 좋아하는데요, 여기에 당시에 게으름을 피우는 이모티콘이 유행하던 트렌드를 특징을 더해 〈대고는 눕고싶대고!〉를 작업했습니다.

나의 하루로 감정 표현 발견하기

두 번째 방법은 나의 하루를 돌아보는 것입니다. 아침에 침대에서 눈을 뜬 순간부터 잠들 때까지의 하루를 돌아보며 그날 있었던 일과 어떤 행동을 했는지 쭉쭉 적어봅니다.

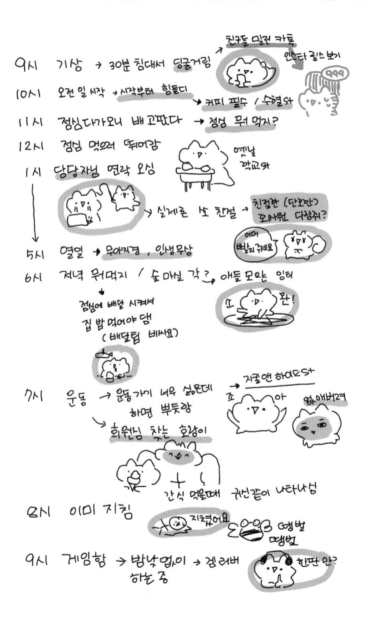

처음에는 단순히 일과를 나열하는 것으로 시작하지만 자세하게 고민할수록 내가 오늘 마주친 상황, 느꼈던 감정, 하고 싶었던 일 등을 떠올리다 보면 이모티콘으로 표현할 만한 요소들을 자연스럽게 발견하게 됩니다. 이렇게 다양한 상황을 구체적으로 쓰다 보면 새로운 콘셉트의 이모티콘이나 캐릭터를 구상하기 쉬워집니다.

주변 관찰하기

앞에서 소개한 방법 이외에도 아이디어를 떠올리는 방법은 여러 가지가 있는데요. 바로 주변을 관찰하는 것입니다. 지인, 환경, 소재들을 활용해서 다양한 아이디어를 얻을 수 있습니다.

이모티콘의 콘셉트를 정할 때는 가장 먼저 소비할 타깃을 정해야 합니다. 타깃층을 지정할 때는 일반적으로 연령대, 직업군, 취미 등으로 분류합니다. 그렇기 때문에 주변의 지인들을 관찰하며 아이디어를 얻으면 해당 타깃이 더 공감하는 이모티콘을 만들 수 있습니다.

이모티콘은 앞에서 말한 것처럼 '대화의 표정'이므로 사실상 자신이 그 타깃에 속하지 않으면 그들이 자주 쓰는 표현 방식이나 선호하는 취향 등을 세세하게 깨닫기 어렵습니다. 그렇지만 여러분의 주변에 타깃 사용자가 있다면, 평소에 일상 생활에서 대화를 하면서 대화 방식이나 취향에 대해 파악하기 훨씬 쉬워집니다.

회사에 다닌 적이 없는데 직장인티콘을 만들 수 있을까요?

저는 대학생 시절에 바로 브랜드를 창업하고 지금까지 프리랜서로 활동을 하고 있습니다. 따라서 회사 생활을 해 본 경험이 없습니다. 하지만 이모티콘 시장에서 큰 부분을 차지하는 '직장인티콘'을 놓치기 아쉬웠는데요. 이럴 때는 직장인의 생활을 상상하는 것이 아니라, 실제로 회사를 다니는 친구들의 카톡을 살펴보거나 그들의 하루가 어떻게 흘러가는지 타임라인을 알려달라고 부탁했습니다. 이렇게 모은 정보를 토대로 이모티콘을 만들면, 실제로 직장인들이 공감할 수 있는 이모티콘을 만들 수 있고, 결과적으로 도전했던 두 가지의 이모티콘을 모두 승인 받을 수 있었습니다.

환경, 소재 활용하기

일상적인 작업 환경에서 벗어나서 얻는 경험도 아이디어를 떠올릴 때 도움이 많이 됩니다. 낯선 카페, 재밌는 전시, 인기 있는 영화 혹은 가까운 집 근처 산책도 도움이 됩니다. 너무 익숙해서 편안한 장소에서 벗어나서 완전히 새로운 장소를 가면 평소에는 마주치지 않을 사람들을 마주칠 수 있습니다. 따라서 영감을 얻기 더욱 쉬워집니다.

예를 들어, 카페에 앉아서 작업을 하다 보면 집에서는 볼 수 없는 아이들이 올 수도 있습니다. 저는 우연히 귀여운 아이들을 보다가 '대고도 짧둥하고 귀여운 아기 느낌으로 출시하면 어떨까?'라는 생각을 했고, 결과적으로 〈말랑 신낭 대고!!〉를 기획할 수 있었습니다.

카페에서 귀여운 아이를 보고 만든 이모티콘

이모티콘은 유행이 정말 빠르게 변하고, 트렌드가 자주 바뀌며 신제품이 매일 출시됩니다. 또 이모티콘을 제안하고 나서도 승인 후 추가 작업을 거쳐서 최종 출시까지 생각보다 시간이 많이 흐릅니다. 그래서 제안 당시에는 유행했지만 출시 즈음에는 시들시들해지는 일이 많습니다. 만약에 이모티콘을 기획하면서 유행하는 짤을 활용하려고 한다면, 그 짤이 막 유행하기 시작할 때 재빠르게 제안해서 빠르게 출시까지 마쳐야 좋습니다.

저의 〈대고는 리액션을 잘한대고!!〉는 이런 짤과 당시의 유행어들을 활용해서 작업했던 리액션 콘셉트의 이모티콘이었습니다. MBC의 예능 프로그램인 '복면가왕'에서 화제가 된 연예인 신봉선 님의 일명 'ㄴㅇㄱ' 짤을 표현하기도 했고, 유튜브에서 유행하던 'ㅇ'을 얼굴로 표현하는 짤'로 '와'라는 감탄사를 표현하기도 했습니다. 또 여러 유행어를 사용하여 리액션을 잘하는 콘셉트로 출시했습니다.

MBC 복면가왕의 유명한 신봉선 짤

유행어를 활용한 이모티콘

이렇게 유행성이 강한 이모티콘은 유행이 지나면 별로 사용하지 않기 때문에 일시적으로 많이 판매되고, 시간이 조금 흐르면 판매율이 낮아집니다. 하지만 〈대고는 리액션을 잘한 대고!〉는 콘셉트가 '리액션'이라서 그런지, 여러 대화에서 범용성이 있기 때문에 출시일이 꽤 지난 시기까지도 카카오톡 이모티콘 플러스에서 많이 사용되었습니다.

이렇듯 유행하는 짤이나 유행어를 이용한 기획은 유행 당시에는 채팅방에서 재치있게 쓰기 위해 많이 판매됩니다. 유행이 지난 후에도 사용량이 유지되는 경우는 일부러 철 지난 장난을 치는 상황도 있지만 대부분의 사람이 알고 있는 표현이라서 시간이 지나도 이모티콘 플러스로 판매량이 유지되기도 합니다.

내가 느꼈던 귀여움이 캐릭터의 매력이 된다니!

저의 첫 번째 작업물은 사실 이모티콘이 아니라 굿즈 작업물이었습니다. 바로 저의 반려동물인 강아지 '꾸미'를 캐릭터화 하여 만든 굿즈입니다. 꾸미의 복실복실한 느낌을 살리면서 먹을 것을 좋아하는 까칠한 포메라니안의 성격을 담아 제작한 캐릭터입니다. 꾸미는 먹을 것을 정말로 좋아하기 때문에, 주로 연관된 소품은 음식으로 했습니다.

만약에 내가 어떤 대상을 유독 '귀엽다'고 느낀다면 그 대상의 어떤 매력에서 귀여움을 느끼는지를 고민해 보세요. 그 매력을 부각해서 캐릭터 콘셉트로 이어지게 제작하면 캐릭터에 개성이 더욱 강하게 표현됩니다.

Lesson 03
감정으로 캐릭터의 개성 더하기

지금까지 이모티콘샵을 분석하고, 캐릭터를 디자인하고, 캐릭터의 비율까지 간단하게 배워보았습니다. 이제 거의 모든 준비를 마쳤습니다. 이모티콘이 단순히 잘 그린 그림이 아니라 '감정을 전달하는 그림'이라서 빠트릴 수 없는 단계가 남았습니다. 바로 표현하고 싶은 감정과 기획 콘셉트가 잘 어울리도록 설정하는 작업입니다.

🌑 콘셉트와 맞는 감정 표현 정하기

이모티콘의 전체적인 콘셉트는 캐릭터 콘셉트, 모션과 감정 표현이 모두 포함되어야 합니다. 그래야 통일감이 있는 작업을 이어갈 수 있습니다.

콘셉트의 중요성

예를 들어, 〈우당탕 직장인대고!!〉를 살펴보겠습니다. 처음에 생각한 콘셉트는 일을 설렁설렁하고 싶지만, 정신없이 흘러가는 직장인의 하루입니다. 그래서 캐릭터도 찌글찌글한

낙서로 어리바리한 느낌을 강조했고, 이에 맞춰 열심히 일하지만 어딘가 나사가 빠진듯한 모습을 상상했습니다. 모션과 감정 표현도 열심히 일을 하지만 쉽지 않은 일상을 표현하려고 노력했습니다.

만약 이모티콘의 콘셉트를 잡고 캐릭터까지 확정한 후에 감정 표현에서 갑자기 생뚱맞게 틀어지면 지금까지 지켰던 통일성이 깨집니다. 〈우당탕 직장인대고!!〉에서 갑자기 짜글짜글한 그림체의 대고가 죽도록 일만 하거나, 모든 일을 문제없이 척척 해결하는 커리어 고양이가 되었다면 콘셉트와 그림체에 아무리 통일감을 줬다고 하더라도 어딘가 어색하게 느껴졌을 것입니다.

그래서 열심히 일하는 모습과 대충 일하는 모습의 캐릭터를 조합하기도 하고, 일에 지친 모습과 술을 마시는 모습 등을 조합해서 콘셉트에 맞는 감정 표현들을 구성했습니다.

똑같은 '기쁨'도 감정의 깊이에 차이를 주거나, 여러 표현을 통해 이모티콘 한 세트 안에서 다양하게 느껴지도록 구성합니다. 감정 표현의 깊이에 따라서 다양한 구성을 할 수도 있습니다. 자세한 내용은 122쪽에서 설명합니다.

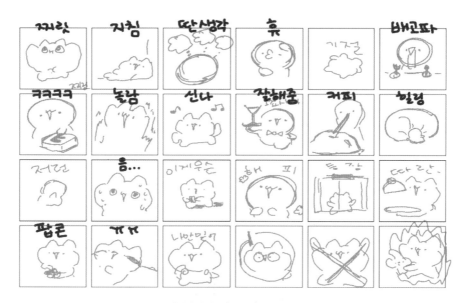

캐릭터 감정 표현 스케치 연습 예시

(Tip) 통일성을 지키기 위해 콘셉트에 최대한 집중해서 감정 표현을 짜야 하지만, 콘셉트에서 자칫 너무 벗어날 수도 있으니, 감정 표현을 스케치 할 때도 항상 가장 위쪽에 캐릭터의 콘셉트와 사용자 핵심 타깃을 적고 시작하세요.

이제 표현하고 싶은 감정 표현을 나열합니다. 앞에서 연습한 희로애락도 특정한 감정이 과반수 이상을 넘어가지 않게 기획합니다. 저는 주로 긍정적 감정을 60%, 부정적 감정 30%, 그 외의 특수 감정을 10% 정도로 설정해서 기획합니다. 움직이는 이모티콘 기준으로 총 24개를 제출해야하는데, 제작을 하면서 막상 비슷하거나 너무 흔한 표현이라 제외해야 하는 경우가 생기기 때문에 제출 개수를 넘겨 넉넉하게 스케치합니다.

| NOTE | **구독용 이모티콘과 단일 구매용 이모티콘은 기획부터 다르다** |

이모티콘을 처음 기획하면 가장 많이 하는 시도가 있습니다. 비슷한 감정 표현으로만 세트 전체를 채우는 것입니다. 하지만 단일 구매 이모티콘을 만들고 싶다면, 하나의 콘셉트 안에도 다채로운 감정 표현이 있어야 합니다. 그래야 다양한 대화 상황에서 쓰기 좋고, 볼거리도 많아집니다.

또한 친구와 평소에 쓰던 이모티콘만 생각해서 기획을 할 때도 고민할 점이 있습니다. 이런 경우에는 친구에게 장난을 치거나, '흑흑, 짜증나!'처럼 가볍게 부정적인 감정을 표현하는 스케치만 많아집니다. 이렇게 되면 특정한 감정 표현이 과반수를 차지하며, 최종 승인까지 이어지기 어렵습니다. 이모티콘 클래스를 하다 보면, 여러 수강생들이 겪는 고민이기도 합니다.

물론 콘셉트가 있고, 표현이 다양하면 승인까지 이어지기도 합니다. 저에게는 〈대고는 전쟁 중이대고!〉가 이러한 사례였는데요, '친구와 가벼운 말장난으로 전쟁을 한다'가 콘셉트였습니다. 그래서 농담조로 시비를 걸거나, 친구의 말을 반박하는 표현으로 구성했습니다.

솔직히 이 이모티콘은 저의 친구들이 서로 장난을 칠 때 사용할 이모티콘을 만들어달라는 부탁에서 떠올린 아이디어입니다. '짜증, 시비, 반사, 너무해, 응 아니야' 등 반박형 표현만으로 구성했기 때문에 오래 사용하기에는 저 역시도 사용성이 떨어진다고 느꼈습니다. 이렇게 특정한 상황에 맞춘 이모티콘은 출시 후에 이모티콘 플러스에서는 쓸 수 있지만, 단일 구매율까지는 조금 아쉬울 수도 있습니다.

알록달록 귀엽지만 사용성이 떨어짐 vs 비교적 단순하지만 사용성이 높음

Lesson 04
낙서처럼 편하게 기획안 쓰기

아이디어가 어느 정도 떠올랐나요? 이제 그 아이디어를 구현할 시간입니다. 저는 드로잉으로 할 수 있는 작업 중에서 특히 이모티콘은 그림 실력이 크게 좌우하지 않는다고 생각하지만, 이제 막 시작하는 분들은 그림 실력에 대한 걱정이 많습니다. 우리는 그림 실력이 뛰어나지 않아도, 자신만의 기획력을 가지고 쉽게 시작할 수 있도록 우선은 낙서로 끌어내는 연습을 해볼 것입니다.

분석을 그림으로 구체화하기

처음 스케치를 한 캐릭터가 내가 고민한 콘셉트와 곧바로 완벽히 어울리면 좋겠지만, 사실 대부분의 캐릭터는 시간이 지나고 점점 발전하면서 고유한 캐릭터성을 찾아갑니다. '대략적 고양이'라는 콘셉트로 시작한 대고도 처음에는 대강 그려진 낙서 느낌의 고양이라서 당장 이모티콘이나 스티커 이외의 굿즈로 활용하기 불편했습니다.

하지만 시간이 지나면서 조금씩 대중적인 모습으로 변하고, 현재의 모습이 되었습니다. 이렇게 우리가 만드는 캐릭터는 시간이 지나고 이야기가 더해지면서 변화하기 마련이니, 처음 디자인이 끝까지 간다는 부담감보다는 편하게 낙서 형태로 디자인을 시작하시면 좋습니다.

'대고'의 초기 디자인과 점점 변화하는 과정

키워드를 낙서로 바꾸기

이전 이모티콘 분석과 내 특징을 분석한 내용에서 나온 특징들을 기반으로 자유롭게 스케치를 합니다. 이런 스케치는 누가 승인 검사를 하는 것도 아니고, 기준이 전혀 없습니다. 처음에는 분석으로 찾은 키워드의 연관 키워드를 나열하며 아이디어를 펼치고, 해당 단어들을 그림으로 표현하면서 다양한 형태와 캐릭터들을 그려나가면 됩니다.

예시로 제가 만든 캐릭터를 함께 살펴볼까요? 대략쿼카를 만들 때는 여유롭고 게으른 캐릭터를 그리는 것이 목적이었습니다. 그래서 나무늘보, 쿼카, 코알라, 집순이 등 늘어져 있거나 가만히 있는 캐릭터들을 떠올렸습니다. 예를 들어, 나무늘보는 처진 눈과 길게 늘어진 팔이 특징입니다. 그래서 스케치 중에서 처음에는 '때려쳐' 같은 문구를 넣어서 팔을 마구 휘젓는 모션으로 만들면 재밌겠다는 생각이 들어서 스케치도 추가했습니다. 하지만 같은 형태라도 나무늘보의 팔다리가 워낙 길어서 제가 원하는 느낌의 귀여움을 표현하기 어려웠습니다. 고민 끝에 동물을 아예 바꿔서 상대적으로 팔다리가 짧둥한 쿼카가 더 귀여울 것 같다는 생각으로 이어졌습니다.

지렁이네 캐릭터 대략쿼카

캐릭터를 만드는 연습들

그렇게 낙서가 모이다 보면 '이런 게 더해지면 더 콘셉트가 잘 드러나겠다!' 싶은 특징들도
떠오릅니다. 이것들도 빠짐없이 적으면서 집순이하면 떠오르는 특징인 잠옷과 귀여운 쿼카
를 연결해서 스케치를 더 구체화했습니다.

집순이와 귀여운 쿼카의 만남

🔵 캐릭터의 감정 표현 정하기

캐릭터를 만들어 보았으니, 이제 감정을 정해야 하는데요. 이모티콘에서 가장 중요한 점이 확실한 감정 전달인 만큼, 구체적으로 어떤 상황에 쓰는 감정을 표현하냐 자체도 추후에 판매량과 이모티콘 플러스 발신 수에 큰 영향을 끼치게 됩니다. 사람들이 많이 사용하고 공감하는 감정 표현을 알아봅시다. 단순히 '희로애락'만으로는 부족합니다. 움직이는 이모티콘이라면 24개, 멈춰 있는 이모티콘이라면 32개의 감정을 표현해야 하기 때문에, 더 세세한 구분이 필요합니다.

자주 사용하는 감정 표현과 문구 떠올리기

저는 종종 인터넷에서 '감정 표현 단어', '감정 표현 예시 표', '감정 표현 연습' 등을 검색해서 자료를 활용합니다. 반드시 그 리스트대로가 아니라, 내용을 첨삭하며 직접 작성하거나 여러가지 표를 섞어서 참고해도 괜찮습니다.

- **기쁨(희)**: ^*^, 기쁘다, 만족스러워, 안도, 느긋, 감사, 좋다, 설렘, 뿌듯, 황홀, 훈훈, 가슴 벅참, 행복해
- **분노(로)**: ――, 짜증, 두렵다, 무섭다, 겁난다, 화난다, 크앙, 찌릿, 삐짐, 싸움
- **슬픔(애)**: ㅠㅠ, 외롭다, 쓸쓸, 우울, 울적, 힝, 눈물, 서러워, 불쌍, 비참, 불행해, 괴로워
- **즐거움(락)**: 〉ㅍ〈, 신내, 꺄아아, 생기, 기운 난다, 너무 좋아, 소리 질러!!!, 열정

감정의 깊이와 표현의 차이

동일한 갈래의 감정이라도 표현 방식에 따라 감정의 깊이가 매우 다르게 느껴집니다. 동일한 감정으로 심지어 모션이 비슷해도 전혀 다른 상황에서 사용하는 이모티콘이 될 수 있습니다. 그러니 반드시 어느 정도의 감정을 표현한 것인지도 신경을 써야 합니다.

예를 들어 '웃기다!'라는 감정도 다양한 느낌이 있습니다. 더 확실한 구분을 위해 제가 지금까지 작업했던 웃는 이모티콘들을 가져왔습니다. 전부 '웃고 있다'라는 감정을 담은 이모티콘이지만 느껴지는 감정의 뉘앙스와 깊이는 다릅니다.

왼쪽의 두 캐릭터는 친구와 장난을 치며 서로 놀리는 느낌의 웃음입니다. 오른쪽의 두 캐릭터는 정말로 웃겨서 미친듯이 웃는 형태로 작업했습니다. 기획안으로 봤을 때는 모두 '비웃음', 'ㅋㅋㅋ' 정도로 표현되겠지만 이렇게 막상 감정의 정도를 표현하면 전혀 다른 의미의 감정이 되곤 합니다.

우리가 이 감정의 정도를 연습하려면 직접 낙서를 하며 연습하는 게 가장 빠릅니다. 이제부터 직접 낙서를 하면서 연습해 보겠습니다.

Tip 연습은 평소에 만든 캐릭터로 해도 되지만, 단순히 졸라맨 형태로 진행해도 괜찮습니다.

다양한 감정 내 맘대로 연습하기

ㅎㅎ	행복	ㅋㅋㅋ	나만의 연습 ex) 폭소, ㅋㅋㅋㅋㅋ, 웃겨
힝	ㅠㅠㅠ	오열	나만의 연습 ex) 쿨쩍, 안울어ㅠ, 뿌앵
삐짐	빠직	분노	나만의 연습 ex) 극대노, 폭발, 절교
축하	신나	춤	나만의 연습 ex) 화환, 하이파이브, 파티

분석한 것과 시장의 결과가 다를 수도 있다

지금까지 이모티콘을 본격적으로 만들기 전에, 이모티콘 시장을 분석하거나 자신의 하루를 돌아보면서 분석하는 방법을 함께 익혀보았습니다. 그런데 이러한 시장의 분석을 뒤집는 이모티콘이 가끔 출시되기도 합니다.

예를 들어, '어르신콘'은 일반적으로 화려한 효과와 따뜻한 문구가 담긴 JPG나 GIF를 공유하는 최소 40대 이상의 연령대가 좋아할만한 디자인입니다. 하지만 판매 결과는 정반대로 20대에서 선풍적인 인기를 끌었고, SNS의 바이럴 효과까지 더해져서 1020 연령대의 판매량에서 상위권을 차지했습니다.

어르신톡-어르신톡

어림짐작이지만, '어르신'이라는 표현 때문이라고 생각합니다. 40대 이상의 연령층이 '어르신'이라는 표현을 적극적으로 소비하게 되지 않은 것입니다. 오히려 10대 혹은 20대가 부모님, 할머니, 할아버지와 했던 카톡 대화를 떠올리며 재밌게 쓰려고 구매한 것입니다.

이처럼 기획한 것과 정반대의 결과가 생기기도 합니다. 이런 경우는 예측이 불가능하기도 하고, 오히려 다른 연령층에서 인기를 얻는 듯 행운에 걸리기도 하니 출시 후 시장 상황을 보며 차기작은 판매 상황을 보며 기획하면 좋습니다.

어르신톡-어르신톡

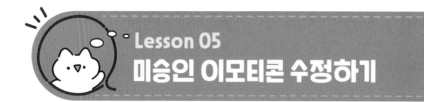

Lesson 05
미승인 이모티콘 수정하기

지금까지 캐릭터를 만들고 이모티콘 시장을 분석해서 이모티콘에 도전하는 방법을 살펴봤습니다. 이번 단계에선 이미 자신이 만들었던 이모티콘을 가지고 오답 노트를 풀듯이 어떤 요소가 미승인을 받을 법했는지 직접 분석하는 방법을 살펴보겠습니다

🔍 피드백으로 시동 걸기

이모티콘을 제안하다 보면 피할 수 없는 과정이 미승인을 받는 것입니다. 아무래도 출시되는 이모티콘 수가 한정되어 있다 보니, 같은 캐릭터 이모티콘으로 승인을 받은 적이 있더라도 미승인 공격을 피할 수 없습니다. 미승인 결과에는 여러 이유가 있겠지만, 아쉽게도 정확한 미승인 이유를 파악하기란 어렵습니다. 이번에는 이렇게 받은 미승인 파일을 수정해서 승인을 받는 방법을 살펴보겠습니다.

지인에게 피드백 요청하기

제안하는 작업마다 승인을 받아 출시되면 좋겠지만, 저도 작업을 하다 보면 참 미승인을 많이 받습니다. 미승인을 받으면 그 작업을 하기 위해 사용한 시간이 낭비된 것 같기도 하고 아깝게 느껴지는데요, 이 작업 시간을 살리기 위해 저는 뒤에서 설명할 **오답 노트** 만들기를 하거나 주변 친구 또는 이모티콘 작가님들과 **피드백 채팅방**을 열곤 합니다. 이모티콘에는 명확한 답이 없기 때문에 이유를 분석하는 데에 어려움이 있습니다. 그럴 때는 다른 작가님들과 함께 있는 단체 채팅방에 피드백을 요청합니다. 또는 미승인을 받은 지 1~2주 후에 내가 제안했던 이모티콘을 다시 보면 조금 객관적으로 이유를 분석할 수 있습니다.

저는 인스타그램에서 서로 팔로우하는 작가님들께 개인적으로 연락을 드려서 피드백 채팅방을 만들었습니다. 하지만 이렇게 본격적으로 하기 부담스러우신 분들은 지인들에게 물어보거나 이모티콘 카페에 피드백을 요청하는 것도 방법입니다.

이모티콘 피드백 채팅방에 참여하기

작업은 매일 조금씩 꾸준하게!

저는 디자인 문구 굿즈 브랜드, 이모티콘, 멘토링, SNS 관리를 모두 혼자서 하고 있기 때문에 이제는 정확하게 매일 이모티콘을 몇 시간 작업하는지 잘 모릅니다. 그래서 주로 이모티콘 제안 마감하는 날이나 미뤘던 승인 후 최종 파일화를 해결하는 날에 하루 종일 이모티콘 작업을 하는 것 같습니다.

예비 이모티콘 작가님들을 만나서 멘토링을 진행하다 보면, 물리적인 작업 시간량으로 스트레스를 받는 분들이 의외로 참 많았습니다. 그래서 '전업 작가가 된다면 작업량이 더 많을 텐데, 나는 본업이랑 아르바이트, 학업 때문에 이모티콘 만들기에 집중할 시간이 부족해…'라고 고민 중이라는 이야기를 자주 들었습니다.

물론 실제 작업 시간도 중요하지만, 너무 스트레스를 받지 않으셨으면 좋겠습니다. 이모티콘에서 가장 중요한 건 기획입니다. 평소에 일상적인 순간에서 이모티콘으로 만들면 좋을 영감이나 다양한 에피소드의 디테일을 캐치하는 것이 오히려 책상 앞에서 무작정 앉아서 좋은 기획이 떠오르기를 기다리는 것보다 효과적이라고 생각합니다.

그러니 작업하는 총 시간에 부담을 느끼면서 가벼운 시작을 주저하지 마세요. 매일 10분이라도 스케치를 하고, 30분간 1개의 이모트(이모티콘 1개 단위)를 작업하면, 24일 뒤에 이모티콘 한 세트가 완성됩니다. 조금씩 하면서 이모티콘 작업을 습관화하면 좋겠습니다.

미승인 이모티콘 오답 노트의 필요성

오답 노트는 학생 때 시험이 끝나고 틀린 문제를 스크랩해서 이유를 분석하는 것과 똑같은 방법으로 진행합니다. 다음에 소개하는 예시는 제가 실제로 제출했던 제안 파일입니다. 간단하게 제안한 날짜를 적고, 제목과 제작할 당시 생각했던 콘셉트 설명을 간단하게 한 줄로 적어 줍니다. 이 작업은 프린트해서 진행하셔도 되고 아이패드에서 필기 앱으로 편하게 해도 괜찮습니다.

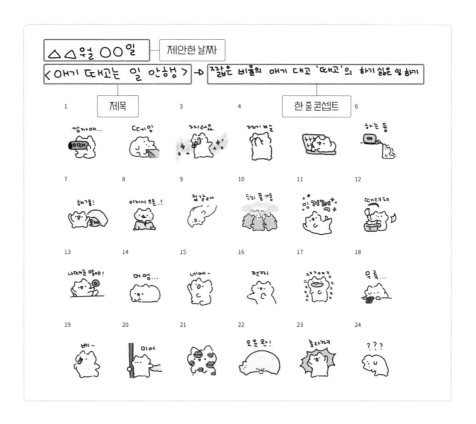

이렇게 내가 초기에 생각했던 콘셉트와 날짜를 적어준 후에, 이 콘셉트에 실제 작업한 캐릭터의 특징과 모션, 문구들이 정말로 어울리는지 살펴봅니다. 처음에는 당연히도 열심히 작업한 내 캐릭터 이모티콘이 매우 귀엽기 때문에 냉정하게 판단하기 어려울 수도 있습니다. 그럴 때는 이전 단계에서 정리했던 기출 분석을 꺼냅니다. 인기 있는 이모티콘의 콘셉트와 트렌드의 공통점이 무엇이었는지 찾아봅니다. 그리고 다시 자신의 작업을 보게 되면 하나둘씩 콘셉트에 맞지 않는 것 같은 것들이 보이게 됩니다.

미승인 중에서 콘셉트가 애매한 것만 체크하기

처음에는 콘셉트에 맞지 않는 아이들을 세모△로 체크해 줍니다. 그렇게 한 차례 거르고 난 후에 이 콘셉트에 어울리지 않는 문구를 사용했거나, 시간이 지나고 보니 무슨 의미인지 잘 모르겠는 것들을 체크해 줍니다. 저의 콘셉트는 아기 고양이 때고가 '하기 싫은 일을 하는 것'이었습니다. 아기라는 콘셉트와 '하기 싫다'를 더해 때쟁이 아기 느낌이 나도록 비율도 짧게 작업했습니다. 하지만 다시 보니 이와 맞지 않는 감정의 이모티콘들이 보였는데요. 아래와 같이 표시하고 정리해 보았습니다.

- 의미가 불분명함(1번)

- 콘셉트와 그다지 관련이 없는 느낌(13번, 20번)

- 때고가 너무 열심히 사는 느낌(21, 22번)

- 콘셉트와 반대로 팔팔한 활력이 느껴짐(23번)

콘셉트가 확실한 것만 체크하기

콘셉트와 비교하다 보면 확실하게 메시지가 표현이 되는 메인 급(썸네일에 표시되거나, 홍보용으로 사용하는 이모티콘)도 고르기 쉬워집니다. 이런 이모티콘들도 ○로 함께 표시하겠습니다.

이렇게 표시를 하고 나서 보면 ○은 누가 봐도 일을 '하기 싫다!'라는 이미지가 느껴지지만 △는 한마디로 정의를 하기가 조금 애매하다는 느낌이 듭니다. 이 차이를 직접 오답 노트를 만들면서 느끼는 게 중요합니다.

* 콘셉트와 잘 어울려서 메인 급으로 만들기 좋음(3번, 5번, 8번, 12번)

버리기는 아깝지만 수정이 필요한 것만 체크하기

또 이렇게 두 차례 표시를 하다 보면 △ 표시를 하기에는 아깝지만 수정은 필요해 보이는 이모티콘도 보이게 됩니다. 이런 이모티콘들은 □로 표시했습니다. 이 이모티콘들은 색칠 구성을 다르게 하거나 큰 변경 내용 없이 순서를 바꾸면서 문구와 약간의 모션 수정으로 콘셉트에 의미가 맞춰지는 데에 중점을 두고 표시해 주시면 됩니다.

- 보자마자 이해하기 어려움(7번)
- 각각을 작업할 때는 몰랐지만, 함께 보니 형태가 너무 비슷함(15번, 16번 17번)
- 의미가 애매하지만 다른 문구를 사용하면 변경할 수 있는 모션(19번)

이렇게 단계별로 이모티콘을 분석하면 '왜 승인이 안됐지?'라고 막연하게 고민을 할 때보다 한결 객관적으로 분석을 할 수 있게 됩니다. 이 단계를 거치면서 자신만의 기준을 다시 바로잡고 수정을 해서 다시 제안을 하면, 또다시 미승인을 받더라도 다음 번에는 수정이 필요한 이모티콘의 개수가 줄면서 점점 승인에 가까워질 것입니다.

| NOTE | **미승인 작업물을 분석하면 콘셉트가 바뀔 수도 있다** |

저는 이렇게 △, ○, □으로 구분하여 수정 및 다시 제출을 하는 과정을 소개했지만, 여러분의 성향에 따라 더 섬세한 방식으로 수정을 진행해도 괜찮습니다. 만약 미승인 이모티콘을 한 번에 살펴보면서 냉정하게 고민해 보았을 때, 대부분의 이모티콘이 애초의 콘셉트와 어울리지 않아 모두 수정이 필요하다고 생각할 수도 있습니다. 그럴 때는 아예 제안했던 콘셉트의 방향을 바꾸는 것이 오히려 작업량을 효과적으로 줄이는 방법입니다.

수정하여 다시 제출하기

아래 예시는 미승인을 두 번 받은 〈말랑뽀짝 대략 고양이 대고!〉라는 제목의 제안 파일입니다. 오답 노트를 진행하면서 결국에는 승인을 받아 〈말랑 신냥 대고!!〉라는 제목으로 출시가 되었습니다.

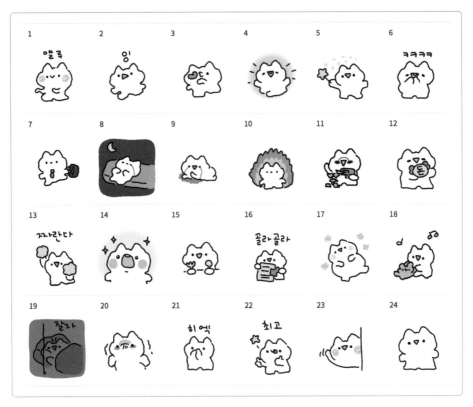

미승인된 〈말랑뽀짝 대략 고양이 대고!〉

오답 노트 후 승인된 <말랑 신냥 대고!!>

미승인된 제안 파일로 직접 이모티콘 오답 노트를 만들고 좋은 표현과 개선할 점의 차이점을 잘 파악할 수 있게 될수록 최종 승인에 가까워질 수 있을 것입니다. 인기가 있는 이모티콘을 분석하는 것도 필요하지만, 무엇보다도 이처럼 본인의 이모티콘 제안 파일들을 단계별 오답 정리를 하면서 그동안 열심히 작업한 작업물로 승인을 받으실 수 있으면 좋겠습니다.

Chapter 6

  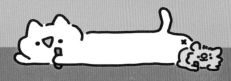

실전 이모티콘 연습하기

Lesson 01
프로크리에이트 사용법

프로크리에이트의 가장 큰 장점은 직관적인 UI입니다. 따라서 사용 방법을 잘 모르더라도 쉽게 익힐 수 있습니다. 또한 다양한 질감의 브러시를 사용할 수 있고, 나만의 브러시를 만들기도 쉽기 때문에 처음 디지털 드로잉을 시작하시는 분이라면 가장 먼저 추천하는 툴입니다.

🔘 프로크리에이트 시작하기

아쉽게도 프로크리에이트는 아이패드에서만 사용할 수 있는 앱입니다. 우선 이 앱은 유료 앱이므로 앱스토어에서 구매합니다. 집필 시기를 기준으로는 약 20,000원 정도입니다. 이 앱은 정기적인 할인 기간은 딱히 없으므로 필요할 때 바로 구매하면 됩니다. 다소 비싸게 느껴질 수 있지만, 한 번 구매하면 영구적으로 사용할 수 있습니다. 따라서 장기적으로 고려하면 매월 구독료를 내는 프로그램보다 가성비가 좋다고 생각합니다.

또한 아이패드를 사용하는 친구나 가족과 함께 구입 항목 공유 기능을 사용하면 1대의 기기에서 구매한 후에 함께 사용하실 수 있습니다. 이 기능은 포털 사이트의 검색창에 '프로크리에이트 가족 공유' 등으로 검색하면 다양한 정보를 찾을 수 있습니다. 특히 애플 공식 사이트는 iOS 업데이트를 할 때마다 보기 좋게 안내합니다.

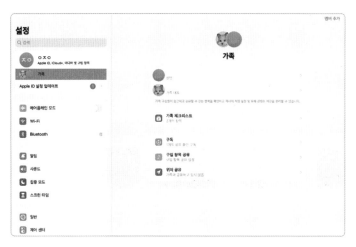

유료 앱 가족 공유 기능 활용하기

이모티콘 전용 캔버스 만들기

이모티콘은 출시 경쟁이 치열하므로 공통된 작업을 하는 시간을 최대한 줄여서 효율적으로
작업해야 합니다. 그렇지 않으면 출시 상품은 적고 시간은 많이 필요합니다. 만약에 여러분
이 N잡 등 수입을 위해 이모티콘을 시작한다면 시간당 작업 인건비가 높아진다는 뜻이기도
합니다. 기획 단계에서는 시간의 총량을 줄이는 법칙은 없기 때문에, 실전에서 사용하는 툴
을 더 능숙하게 다루면 좋습니다.

1 프로크리에이트를 실행하면 바로 [갤러리]가 보입니다. 우리가 작업하는 모든 작업은 여기서 볼 수 있습니다. 프로크리에이트의 **샘플 아트워크**를 터치하면 여러 기능을 소개하는 작업물을 확인할 수 있습니다. 이러한 하나의 프로젝트를 **캔버스**라고 부릅니다.

2 오른쪽 위의 메뉴 중에서 [+]를 열고, [**사용자 지정 캔버스**] 아이콘을 터치하면 다양한 사이즈의 캔버스를 제작할 수 있습니다. 한 번 만든 캔버스의 사이즈는 자동으로 저장되므로 매번 새로 만들 필요는 없습니다.

3 위쪽의 제목 없는 캔버스를 터치하면 캔버스 이름을 바꿀 수 있습니다. 저는 캔버스 이름을 주로 사이즈 또는 용도별로 만듭니다.

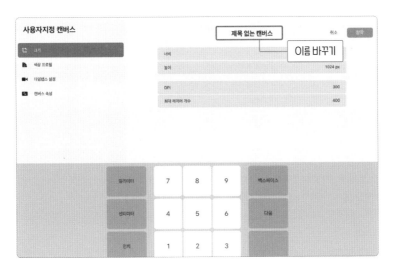

4 이름을 바꾼 후에는 [너비], [높이], [DPI]를 터치하며 하나씩 설정합니다. 이모티콘 제출 사이즈는 보통 360px(픽셀)입니다. 심플한 작업은 너비와 높이를 360px로 제작합니다. 디테일이 많은 작업을 하고 싶다면, 너비와 높이를 각각 2048px까지 키울 수도 있습니다.

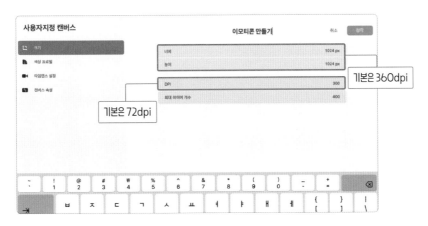

저는 단순한 디자인의 캐릭터인 '대고'는 360px로 작업합니다. 하지만 소품이 많은 캐릭터 '대략햄'은 1024px로 작업하기도 합니다. 너비와 높이를 정사각형 비율로 지키기만 한다면 문제없습니다. 또한 DPI(해상도)는 기본 제출이 72dpi지만, 혹여나 이미지가 깨질까봐 300dpi로 설정했습니다.

> **NOTE** **최대 레이어 개수는 마음대로 바꿀 수 없다**
>
> [최대 레이어 개수]는 캔버스의 너비와 높이 사이즈, 그리고 해상도에 따라 자동으로 설정됩니다. 이는 그림을 그리면서 총 데이터가 커질수록 또는 해상도가 높을수록, 작업 중에 갑자기 과부하가 올 수도 있기 때문에 미리 레이어 수가 제한되는 것입니다. 레이어가 많은 작업을 하고 싶다면 캔버스 사이즈를 설정할 때부터 최대 레이어 개수를 확인하며 크기와 해상도를 조절해야 합니다. 프로크리에이트 버전이나 아이패드 기종에 따라서 레이어 개수가 달라질 수도 있습니다.

5 왼쪽 메뉴에서 [색상 프로필]은 [RGB] 탭을 고릅니다. 아래 항목은 기본 설정 그대로 [Display P3]입니다. 이제 [창작]을 터치하여 캔버스 생성을 완료합니다.

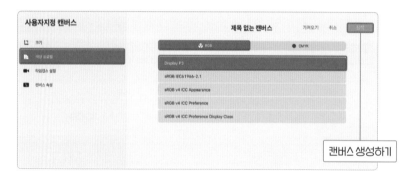

캔버스 생성하기

타임랩스 설정

새로운 캔버스를 만들 때 [타임랩스 설정]은 작업 과정을 비디오로 찍는 기능입니다. 유튜브나 인스타그램 릴스, 틱톡 등에 작품 비하인드 영상으로 유용해서 저는 켜두는 편입니다. 그런데 저장 공간의 용량이 빠르게 소진될 수도 있으니 확실하게 업로드 할 계획이 없다면 [우수한 품질] 정도의 화질도 충분합니다.

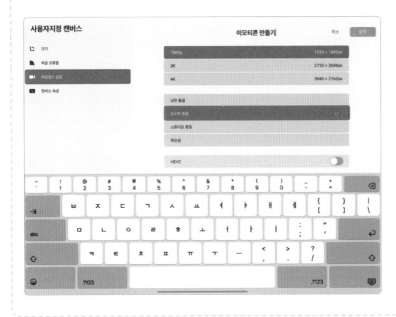

🔵 프로크리에이트 간단하게 살펴보기

인터페이스와 핵심 툴

저희가 주로 작업을 하게되는 창작 화면입니다. 캔버스 위쪽의 인터페이스를 살펴봅니다. 먼저 오른쪽은 [브러시], [스머지], [지우개], [레이어], [색상 팔레트] 등 직접적인 드로잉 툴이 있습니다. 왼쪽은 [동작], [조정], [선택], [변형] 등 디지털 드로잉을 편리하게 만드는 설정이 있습니다.

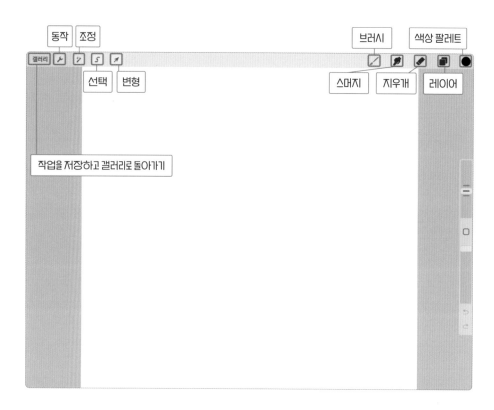

[갤러리]는 작업을 저장하고 갤러리로 되돌아갑니다. 작업 중 오류가 발생해도 [갤러리]를 누르면 해당 작업까지는 저장됩니다. [갤러리]를 누르면 더는 이전 단계로 돌아갈 수 없습니다. 따라서 이전 단계의 수정이 필요 없을 때 사용합니다. 이제 [브러시]를 살펴보겠습니다.

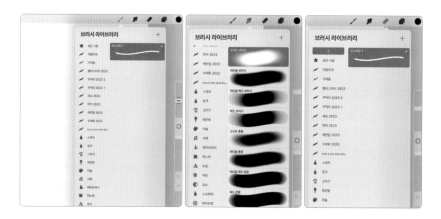

[브러시]는 연필, 펜 등 모든 그리기 도구이며, 제공된 브러시를 마음대로 변경할 수 있습니다. 기본 브러시를 복제해서 취향대로 변경하거나 포털 사이트에서 '프로크리에이트 브러시 다운' 등으로 검색하면 다양한 유/무료 브러시를 다운로드할 수 있습니다. 이모티콘에서 브러시는 개성을 나타내는 핵심적인 도구가 되고 있으므로, 처음에는 기본 브러시를 쓰더라도 작업 스타일에 맞는 브러시를 직접 제작하는 것을 추천합니다.

[지우개]는 브러시의 질감을 살려 지울 수 있으므로 작업 스타일에 맞게 다양한 방법으로 활용합니다. 캔버스에서는 흰색 브러시처럼 쓸 수 있지만, 배경색이 없는 PNG 작업은 흰색이 아니라 투명색이므로 구분해야 합니다. 또한 [스머지]는 브러시로 그린 곳에 번짐 효과를 줍니다. 진한 색상을 자연스럽게 풀어주거나 그러데이션 효과를 만들 때 사용합니다. 주로 브러시와 동일한 옵션으로 설정하거나, 활용도가 높은 에어 브러시를 사용합니다.

레이어 설정하기

캔버스는 여러 레이어가 겹쳐져서 하나의 이미지가 완성되므로 레이어마다 각기 다른 작업을 할 수 있습니다. 종이에 직접 그림을 그리는 수작업을 할 때는 라인을 따고 채색을 하다가 실수를 하면 수정이 어렵습니다. 하지만 디지털 드로잉은 채색에서 실수를 해도, 라인과 별개의 레이어에서 작업하기 때문에 수정이 편합니다.

아래의 예시를 함께 살펴볼까요? 문어 인형을 들고 있는 캐릭터를 그린다면 최소한 몇 개의 레이어가 필요할까요? 캐릭터 라인을 그리는 라인 레이어와 캐릭터의 입과 문어 인형을 색칠할 채색 레이어까지 적어도 레이어 두 개가 필요합니다. 라인, 채색 등으로 나누는 것 이상으로 추가 레이어를 만들어도 편리합니다. 예를 들어, 붙어 있는 면을 레이어로 구분하면 깔끔하게 채색할 수 있고, 소품 등 디테일한 작업을 할 때도 훨씬 수월합니다.

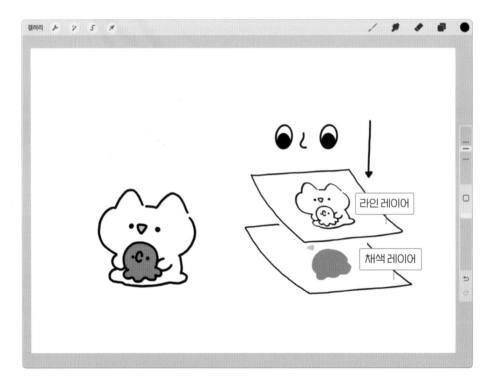

[레이어]를 누르고 아래와 같이 특정한 레이어를 터치하여 활성화된 상태에서 오른쪽으로 스와이프하면 여러 개의 레이어를 동시에 선택할 수 있습니다. 이 상태로 [그룹]을 터치하면 그룹이 생성됩니다. 그룹 기능을 활용하면 복잡한 작업도 깔끔하게 할 수 있습니다.

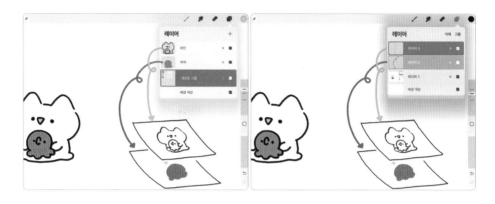

색상 팔레트

색상 팔레트에서 원하는 색상과 밝기 등을 조절합니다. 또한 아래쪽 메뉴에서 [디스크], [클래식], [하모니], [값], [팔레트]를 통해서 자주 쓰는 색을 저장하고 곧바로 쓸 수도 있습니다.

색상 팔레트 메뉴들

[팔레트]에서 [소형] 탭을 선택하면 작은 칩 형태로, [카드] 탭을 선택하면 간단한 설명도 볼
수 있습니다.

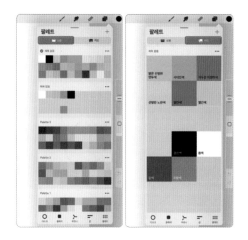

기타 설정

왼쪽 인터페이스에서 [동작]을 선택하면 다양한 기능이 있습니다. 사진이나 이미지 파일을
[추가]하거나, 캔버스의 크기를 조정하거나 가이드를 살피는 [캔버스], 완성된 그림 파일을
[공유]로 내보내거나, 작업 과정을 촬영하는 [비디오], 기타 여러 설정을 확인하는 [설정]이
있습니다.

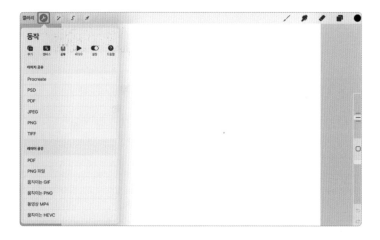

인터페이스를 마음대로 바꿀 수 있다

[동작]에서 [설정]을 터치하면 인터페이스를 변경할 수 있습니다. 원래 사용하던 디지털 드로잉 도구가 있거나, 오른손보다 왼손이 더 편하다면 기본 인터페이스가 불편하게 느껴질 수도 있습니다. 기본 설정인 [밝은 인터페이스], [오른손잡이 인터페이스] 등을 조정해서 자신에게 맞게 활용하세요.

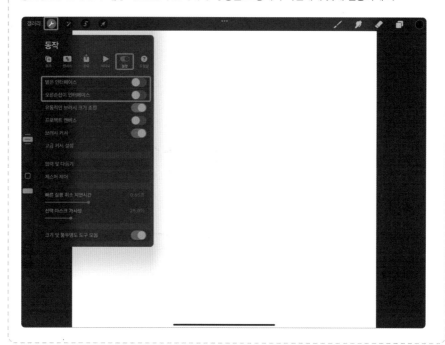

애니메이션 어시스트

움직이는 이모티콘 작업을 하면 가장 많이 사용하는 [애니메이션 어시스트]입니다. 먼저 왼쪽 위의 메뉴바에서 [동작]을 열고, [캔버스]에서 [애니메이션 어시스트]를 활성화합니다. 이 기능을 켜면 아래쪽에 정사각형 모양의 프레임이 표시됩니다.

카카오 이모티콘을 기준으로, 이모티콘 1개당 프레임은 최대 24개까지 제한됩니다. 따라서 대부분의 이모티콘은 24프레임 안에서 제작됩니다. 그래서 '1레이어'는 '1프레임'으로 작업합니다. 만약 여러 개의 레이어를 활용하여 작업하고 싶다면, 레이어를 [그룹]으로 묶으면 '1그룹'이 '1프레임'으로 적용됩니다.

어니언 스킨

특히 애니메이션 어시스트 설정에서 가장 유용한 기능은 어니언 스킨(Onion Skin)입니다. 한국어로 직역하면 '양파 껍질'이라는 뜻인데요, 투명한 양파 껍질이 겹겹이 쌓인 것처럼 여러 개의 레이어를 볼 수 있습니다.

아래 사진은 공이 바닥에 부딪히는 모션을 작업한 애니메이션입니다. 여기서 레이어 3번이 공이 바닥에 닿는 현재 켜져 있는 이미지입니다. 이때 어니언 스킨 기능으로 그 앞뒤의 레이어의 위치와 형태를 볼 수 있습니다. 양파 껍질에 겹겹이 그림을 그린 것처럼 앞뒤가 비치는 덕분에 자연스러운 애니메이팅을 도와주는 기능입니다.

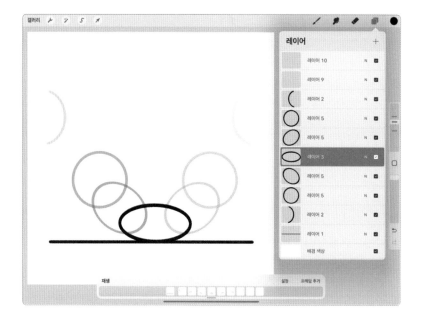

어니언 스킨은 설정 방법이 굉장히 다양합니다. 오른쪽 위의 [설정]을 클릭하면 여기서 설정값을 지정할 수 있습니다.

[설정]을 보면, 먼저 프레임이 재생되는 순서에 따라 아래의 3가지 방식이 있습니다.

- 루프: 기본 값으로 보이는 프레임을 반복 재생
- 핑퐁: 재생을 끝낸 후 거꾸로 다시 시작 지점으로 가는 재생
- 원 샷: 한 번만 재생하고 정지

[초당 프레임]은 1초 동안 몇 개의 프레임을 화면에 보여주는지 말합니다. 그래서 숫자가 커질수록 애니메이션 속도가 빨라지며, 숫자가 작아질수록 느려집니다. 만약 각각의 레이어에서 그린 그림이 자연스럽게 이어지지 않는다고 느끼더라도, 이 숫자를 조절하는 것만으로 모션이 자연스러워질 때도 있습니다.

[어니언 스킨 프레임]은 내가 작업하는 레이어 이외에 몇 개의 레이어를 보이게 할지를 정합니다. 숫자가 커질수록 레이어 많이 보이고, 적을수록 바로 직전의 레이어만 보입니다.

Tip 초반 스케치 작업에서는 전체 흐름을 보기 위해 숫자를 크게, 구체적인 행동을 잡을 때는 숫자를 작게 하면
모션을 자연스럽게 만들기 더 편리합니다.

[어니언 스킨 불투명도]는 값이 커지면 작업 선이 진해지며 반대로 하면 연해집니다. 선호하
는 바에 따라 작업하면 됩니다.

[어니언 스킨 색상]으로 전후에 보일 레이어의 색상을 설정할 수 있습니다. 보통은 스케치를 검은색으로 하기 때문에, 어니언 스킨은 아래와 같이 형광색으로 하면 구분하기 편합니다. 특히 전후의 스케치 색상을 보색으로 설정하면 여러 겹이 겹쳐서 보여도 레이어가 헷갈리지 않습니다.

NOTE **참고용 이미지는 레퍼런스 기능으로**

참고용 이미지를 보면서 작업하고 싶다면, [동작]의 [캔버스]에서 [레퍼런스] 기능을 활성화합니다. 이렇게 하면 여러 창을 오갈 필요도 없이 바로 옆에서 작업 창과 레퍼런스 이미지가 비교하면서 편하게 활용할 수 있습니다.

Lesson 02
캐릭터를 디지털로 그려보기

종이와 디지털은 이론적으로는 같습니다. 그러나 디지털 도구로 그리면 수정이 편하고 여러 개의 레이어를 활용하며 실수를 만회하기 좋습니다. 실수할까 마음 졸이지 말고, 틀려도 된다는 생각으로 편하게 시작하세요.

디지털 캔버스로 캐릭터 그리기

프로크리에이트의 디지털 캔버스를 꺼내서 캐릭터 그리기를 연습해 보겠습니다.

기본형 캐릭터 투명 배경에 그리기

1 사이즈에 상관없이 정사각형 캔버스를 만들어줍니다. 저는 2048 x 2048px로 만들었습니다.

2 캐릭터의 형태에 맞게 최대한 간단한 도형으로 **위치**와 **비율**을 잡아주세요. 너무 커지거나 비율을 벗어나는 것을 방지하는 용도로만 사용되니 공들여 그릴 필요는 없습니다.

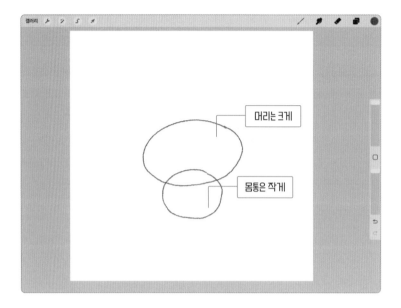

3 얼굴, 팔다리, 귀 등 캐릭터의 포인트가 되는 특징들을 도형으로 위치를 잡아줍니다. 이때 수정하기 쉽게 얼굴, 귀, 몸통은 **다른 레이어**에 얹어서 비율이 틀릴 때 바로 쉽게 수정할 수 있게 해줍니다.

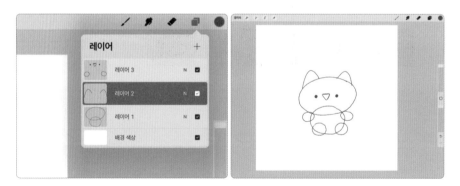

4 특징들의 비율과 위치가 확실히 정해졌다면 레이어를 병합해 정리합니다. 우선은 병합하고 싶은 레이어들을 오른쪽으로 스와이프해서 선택합니다. 3개의 레이어를 선택한 후에 맨위 레이어, 맨아래 레이어를 잡고 꼬집듯이 모아줍니다.

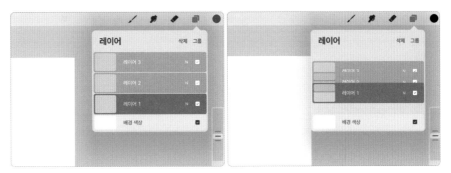

Tip 한번 병합된 레이어는 뒤로 가기 기능을 이용해서 전 단계로 돌려주는 방법 외에는 병합을 풀 수 없으니 더는 수정이 없을 때만 사용합니다.

5 현재 레이어는 스케치 선이니 흐리게 만들고 작업합니다. 레이어 오른쪽에 [N] 버튼을 누르면 레이어에 대한 상세 값을 조절할 수 있습니다. 여기서 불투명도를 원하는 만큼 낮춰줍니다.

6 위에 [+] 버튼을 눌러서 신규 레이어를 추가하여 **외곽 테두리**를 따준다고 생각하고, 겉 테두리를 따라서 그립니다. 아직 스케치 선을 정리하는 단계이기에 너무 반듯하게 그릴 필요는 없습니다.

스케치 레이어를 지우는 타이밍

라인을 깔끔하게 딴 후에는 스케치 레이어는 왼쪽으로 스와이프하여 지워도 됩니다. 하지만 혹시라도 나중에 필요할까봐 불안하다면, 레이어 오른쪽에 있는 [체크 박스]를 클릭해 레이어를 잠시 끄고 작업하다가, 필요할 때 다시 레이어를 켜 참고하면 됩니다.

7 스케치 선으로 얼추 정리가 되었으니 이제 한 번 더 깔끔하게 선을 따줍니다. [레이어]에서 [+] 버튼을 클릭해서 레이어를 추가하고, [브러쉬]-[잉크] 패널에 들어가서 [스튜디오 펜]을 선택합니다. 스케치 선을 깨끗하게 따서 정리해 줍니다.

8 왼쪽 위의 메뉴바에서 [조정]을 누르고 [올가미]를 선택합니다. 옮기고 싶은 부분에 둘러준 후, [변형]을 선택하면 올가미로 선택된 개체를 옮겨줄 수 있습니다.

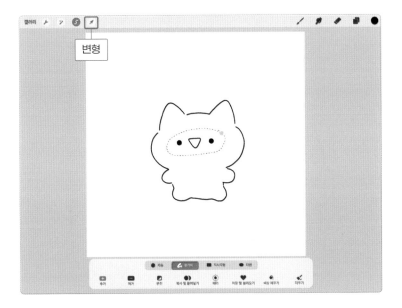

레이어가 여러 개라면 함께 옮기자

[올가미]로 여러 레이어를 동시에 선택하고 싶다면 [레이어]에서 오른쪽으로 스와이프해서 모든 레이어를 선택한 후 옮겨야 모든 레이어에 작업이 적용됩니다.

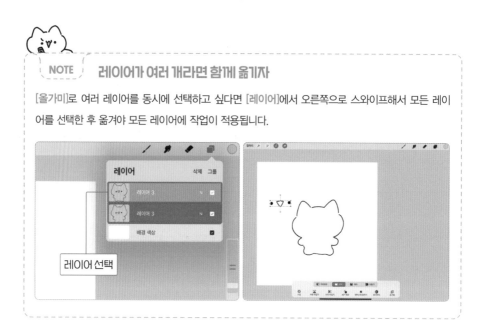

9 이모티콘 캐릭터를 색칠할 때는 빈틈없이 [채우기]를 이용해서 작업합니다. 우선 정리된 선을 그린 레이어를 왼쪽으로 스와이프하여 [복제]를 선택합니다.

10 오른쪽 위에서 입 안을 칠할 [색상]을 먼저 고른 후에 드래그하여 입까지 가져옵니다. 그럼 입 안의 색상이 채워집니다.

11 [레이어]에서 맨 아래의 레이어인 [배경 색상] 레이어의 체크 표시를 해제합니다. 이제 방금 칠했던 입 레이어가 아니라, 스케치 선만 있는 레이어를 선택하고 다시 [복제]합니다.

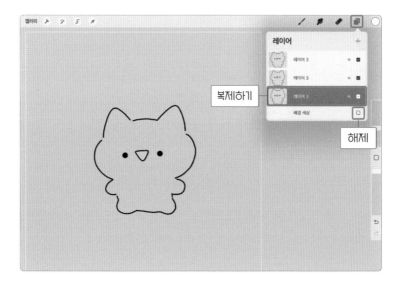

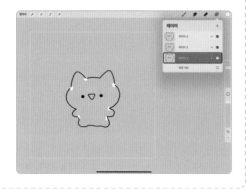
12 배경이 없는 캐릭터가 완성되었습니다. 멈춰 있는 이모티콘은 여기서 작업이 끝납니다.
움직이는 이모티콘은 이런 작업을 반복해서 연결하는 것입니다.

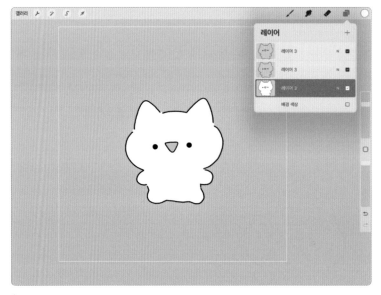

Tip 포인트 색상을 사용하는 레이어와 캐릭터의 몸체 색상 레이어를 하나로 사용하면 나중에 포인트 색상
을 수정하기가 어렵습니다. 꼭 처음부터 분리해서 작업하는 습관을 들이면 좋습니다.

Lesson 03
멈춰 있는 이모티콘 그리기

기본형 캐릭터를 투명한 배경에 그리는 연습을 했으니, 멈춰 있는 이모티콘을 조금 더 깊게 탐구해 보겠습니다. 실습으로 레이어를 구분해서 채색하는 흐름을 살펴봅니다. 이어서 이모티콘 콘셉트와 어울리는 말풍선도 넣어보겠습니다.

● 멈춰 있는 이모티콘

멈춰 있는 이모티콘은 말 그대로 '움직임'이 없습니다. 그래서 보자마자 한눈에 전하려는 감정이 느껴지는 것이 가장 중요합니다. 그만큼 표현이 매우 명확해야 합니다. 일반적으로 소비자는 움직이는 이모티콘을 더욱 선호하기 때문에 멈춰 있는 이모티콘에는 더 강한 개성과 재치가 필요합니다.

총 작업량은 32개가 전부입니다. 그래서 움직이는 이모티콘에 비하면 작업량이 확연하게 적습니다. 또한 움직임이 없어서 말풍선 등 감탄사도 비교적 쉽게 표현할 수 있습니다.

종이 스케치 준비하기

1 이번에는 종이 스케치를 가져왔습니다. 디지털로 옮기려면 기본 카메라로 촬영해도 충분합니다. 하지만 저는 조금 더 깔끔하게 가져오기 위해 스캐너 앱을 사용했습니다. 제가 사용한 앱은 Cam Scanner입니다.

2 이번 작업은 크기 변환을 나중에 따로 할 필요가 없도록, 처음부터 제출용 사이즈인 360 x 360px의 캔버스로 만들겠습니다. 왼쪽 위에서 [동작]을 열고, [추가] 패널에서 [사진 삽입하기]를 터치해서 스캔한 이미지를 가져옵니다. [변형]으로 잘 정리해줍니다.

Tip 프로크리에이트는 백터 기반이 아니라서 사이즈를 조정하면 살짝 깨짐이 보입니다. 스케치이니 살짝 깨져도 괜찮습니다.

3 [레이어]를 추가해서 불러온 스캔한 사진의 레이어 위에 새로운 레이어를 추가합니다. 스캔한 스케치의 레이어는 [N]을 눌러 불투명도를 조금 내립니다.

라인을 그려서 채색하기

1 스케치를 참고해서 라인을 그립니다. 말풍선과 캐릭터 등 다른 개체는 항상 각각의 레이어에 그립니다.

2 채색도 따로 진행합니다. 라인 레이어를 오른쪽으로 스와이프해 복제 후 복제된 레이어에서 라인이 끊어진 곳을 브러시로 이어줍니다. 그 후 오른쪽 위 [색상] 을 끌어와 채워줍니다.

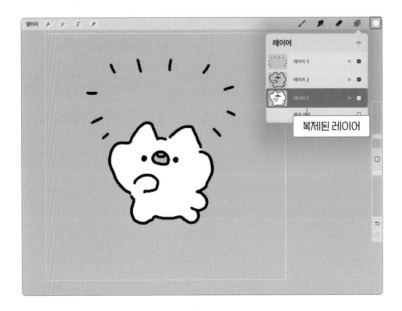

3 채색을 하다 보면 말풍선 부분의 채색 선이 아래 깔려 있는 캐릭터 선을 가로지르게 됩니다. 말풍선에 해당하는 레이어 두 개를 오른쪽으로 스와이프해 복수 선택하고, 선택된 레이어를 아래로 내려서 말풍선이 캐릭터의 뒤로 가게 합니다.

4 말풍선이 흰색이면 캐릭터와 겹쳐 보입니다. [N]을 눌러 불투명도를 조절하고 말풍선 안쪽을 채우기 기능을 통해 채워줍니다.

5 침을 그린 레이어가 캐릭터 라인을 그린 레이어 위로 올라가면, 입의 일부를 가리거나 다리 사이에 선이 보여서 지저분해 보입니다. 다리 사이에 겹치는 부분만 살짝 칠해줘서 전체적으로 위아래를 정리합니다. 레이어를 정리한 후 이빨과 입도 채색합니다.

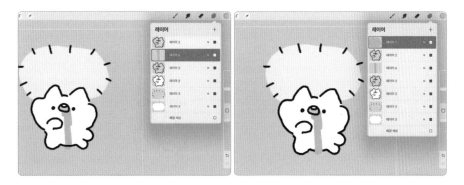

6 몸 뒤에 생겨야 하는 침 웅덩이를 그리고 채우기로 채색합니다. 침 웅덩이 레이어를 몸 채색 레이어 뒤로 빼서 위치를 정리합니다. 이때 다리 사이에 침이 흐르는 것처럼 보이게 하기 위해서, 라인 레이어 위에 레이어를 새로 만들어 침 색깔을 이어서 위에서 흐르는 효과를 줍니다.

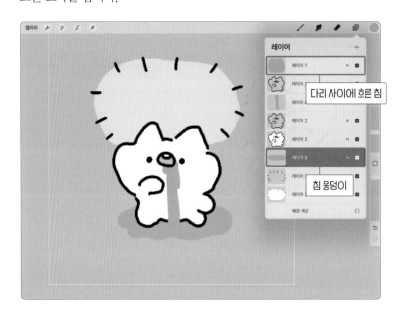

NOTE **이름 변경 창을 적극적으로 활용한다**

레이어를 터치하면 레이어의 이름을 변경할 수 있습니다. 레이어들을 헷갈리지 않게 이름을 정리하는 습관을 들이면 나중에 보기 편합니다. 물론 레이어를 추가할 때마다 매번 구체적으로 정리할 필요는 없지만, 레이어가 많이 생기는 작업을 한다면 단순하게 정리합니다.

7 마지막으로 이모티콘을 조금 멀리서 바라보며 아쉬운 부분을 찾습니다. 저는 여기서 캐릭터, 말풍선, 침 색상이 조화롭지 않다고 느꼈습니다. 그래서 말풍선에 흐림 효과를 추가합니다. 왼쪽 위에 [조정]에서 [가우시안 흐림 효과]를 선택합니다.

8 화면의 아무 곳이나 오른쪽으로 조금씩 드래그하면 뿌옇게 흐려집니다. 저는 아주 살짝 만 뿌옇게 처리하고 싶어서 효과를 3%만 줬습니다.

이모티콘에 파란색을 사용할 때는 카카오톡 배경화면과 비교하자

파란색을 사용할 때는 꼭! 신경을 써야 하는 점이 있습니다. 바로 카카오톡 배경화면입니다. 카카오 배경화면과 비슷한 파란색을 사용하면 이모티콘이 배경색에 묻힐 수도 있습니다. 오른쪽 위에서 [색상]을 열고, [값] 탭에서 [16진값]을 카카오톡 기본 배경 색상 값인 #b2c7d9를 입력합니다. 그런 후 [레이어]로 돌아가 [배경 색상] 레이어를 체크 해제하여 배경색에 묻히는지 잘 보이는지를 확인할 수 있습니다.

카카오톡 배경색 입력

만약 묻힌다면 다른 파란색으로 바꿉니다. 이때 두 가지의 색상이 인접해 있는 경우, 한쪽의 색상을 색상을 변경했을 때 앱에서 자동으로 어울리는 색상으로 변경되는 경우가 있습니다. 이런 상황을 대비해 붙어있는 색상들은 각기 다른 레이어에 작업하는 것이 좋습니다.

9 [레이어] 패널에서 합치려는 이미지 레이어들을 오른쪽으로 스와이프해서 복수 선택하고, 위쪽의 그룹을 선택해 이미지 그룹과 글자 레이어를 분리합니다.

> 🎯 Tip 글자 레이어는 나중에 최종 파일화 과정에서 흰색 테두리 작업을 진행해야 하니 꼭 따로 남겨주세요.

10 색상 체크까지 완료한 이모티콘은 왼쪽 위의 [동작]에서 [공유] 패널을 열고 [PNG]를 선택해서 이미지를 저장합니다. 이후 데스크톱으로 파일을 옮겨 카카오 이모티콘 뷰어를 열면, 카카오 채팅창에 실제 사용 화면처럼 파일을 넣고 확인할 수 있습니다.

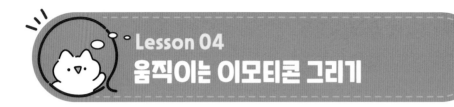

Lesson 04
움직이는 이모티콘 그리기

이번에는 움직이는 이모티콘을 만드는 방법을 살펴봅니다. 기본적인 원리는 앞에서 살펴본 것처럼 멈춰있는 이모티콘과 동일합니다. 애니메이팅을 더하여 이모티콘이 자연스럽게 움직이는 것처럼 연습해 보겠습니다.

🔍 애니메이팅의 원리

멈춰있는 이모티콘과 움직이는 이모티콘을 만드는 과정은 어떤 차이점이 있을까요? 우리에게 익숙한 애니메이션을 떠올려 봅시다. 애니메이션을 만드는 기술인 애니메이팅 (Animating)은 연속되는 그림을 연결하여 자연스럽게 움직이게 하는 작업을 통해 캐릭터의 감정 표현을 풍부하게 하고, 특성을 표현하는 기술입니다.

이모티콘에서 애니메이팅 기술인 모션 작업은 최대 24프레임, 즉 24개의 그림으로 움직이는 1개의 파일을 만드는 작업입니다. 물론 24프레임을 모두 사용할 수도 있지만, 프레임을 3개만 작업해서 이것을 반복하는 방법을 사용하는 작가님도 있습니다. 이렇듯 모션도 다양한 방법과 종류가 있으니, 움직이는 이모티콘은 모션의 통일성까지 고려하면 훨씬 설득력 있게 완성됩니다.

모션의 원리

모션을 구성하는 원리는 간단합니다. 이전에 만든 기획안과 스케치를 거치면서 '이 감정은 이런 모션으로 표현하겠다!'고 떠오른 생각을 활용합니다. 먼저 스케치로 중심으로 잡고 그 앞뒤의 몇 초를 더 구성하는 것입니다. 저의 이모티콘으로 예를 들어보겠습니다.

컴퓨터를 부수는 대고 이모티콘

처음 이렇게 스케치를 그릴 때는 '컴퓨터를 부수고 던져버린다', '다 때려 쳐!'라는 마음을 표현하기로 했습니다. 대고 캐릭터의 개성을 고려하여, 컴퓨터를 던질 때의 표정은 행복해 보이게 만들고, 컴퓨터를 부수는 모션은 잔잔하고 천천히 움직이는 것보다 빠르고 격해야 생동감이 있어야 한다고 생각했습니다. 그리고 대충 생긴 고양이라는 콘셉트에 어울리게 형태가 너무 반듯하지는 않고, 조금 일그러져야 한다고 생각했습니다.

이렇게 본격적인 모션 작업에 들어가기에 앞서, 나의 기획안 콘셉트와 내가 표현하려는 감정이 극대화되려면 어떻게 구성해야 하는 지 생각한 후에 모션 작업을 시작해야 합니다.

모션 스케치 구상하기

항상 기준점이 되는 스케치를 먼저 그린 후에 앞뒤로 시작과 끝을 덧붙입니다. 모션에 상황 설명이 너무 길어지면 이모티콘을 봐야 하는 시간이 너무 길어져서 집중하기 힘들고, 결국 가독성이 떨어집니다. 그러므로 너무 긴 내용은 담지 말고 자신이 표현하려는 감정에 집중합니다.

- 컴퓨터를 들고 와서 작업을 하다가 부순 후에 던져버린다. (X)
- 컴퓨터를 부수고 던져버린다. (O)

모션의 처음, 중간, 끝을 정했다면 그 사이의 모션을 그려서 채웁니다. 예를 들어, 모니터를
부수는 모션은 실제로 자신이 주먹으로 펀치를 하는 모습을 떠올리며 최대한 구체적으로
표현하면 더욱 자연스러워집니다. '모니터를 뚫을 정도의 펀치를 하려면 그만큼 뒤로 몸이
빠지는 준비 동작이 필요하겠지?'라는 식으로 이해하면 됩니다.

- 정자세 → 펀치 (X)
- 정자세 → 준비 동작(뒤로 몸을 빼기) → 펀치 (O)

Tip 만약 상상하기 어렵거나 막상 그림으로 모션 표현이 힘들다면, 실제로 자신의 행동을 비디오로 촬영해 보세
요. 그 후에 구간마다 스크린숏을 찍고 따라 그립니다. 이 방법은 실제로 애니메이션 회사에서 자주 쓰는 방법이
고, 제 주변의 이모티콘 작가님들도 이렇게 만든다고 합니다.

모션 스케치 사이사이가 채워지면서 자연스럽게 연결됩니다. 이때는 자세한 디테일이나 비율보다는 실제로 캐릭터가 움직일 때의 반동에 집중합니다.

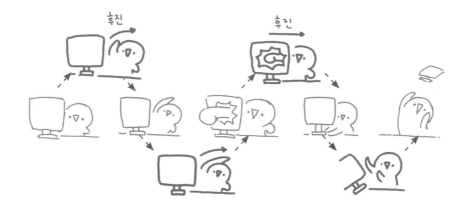

재생을 하면서 사이사이에 스케치를 추가하면 자연스러운 모션이 완성됩니다. 총 24프레임을 넘어가거나, 의도한 것보다 모션이 너무 매끄럽게 보일 수도 있습니다. 혹은 특정 부분이 늘어지는 문제가 발생할 수도 있습니다. 삭제할지 고민되는 레이어를 잠시 체크 해제하고 재생하면서 알맞은 속도감을 찾아 줍니다.

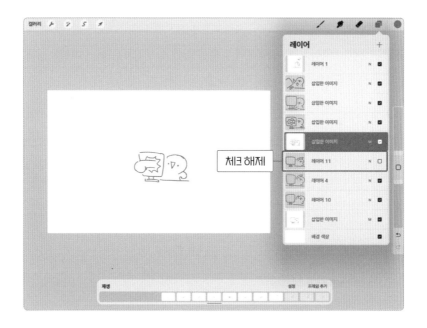

실제로 모션을 이모티콘에 직접 적용하면 움직임의 크기가 생각보다 작게 느껴집니다. 작업할 때는 크게 보이던 디테일들도 눈에 띄지 않을 수도 있습니다. 따라서 움직이는 이모티콘은 사소한 디테일보다는 큰 모션과 행동에 집중합니다. 애니메이팅은 직접 작업을 하면서 감으로 익히는 게 가장 빠릅니다.

말랑 신냥 대과!!의 모션

👀 눈길이 가는 애니메이팅 노하우

애니메이팅의 원리를 어느 정도 이해하셨나요? 동일한 수의 프레임을 쓰는 애니메이션도 어떻게 프레임을 구성하느냐에 따라서 모션의 쫀쫀함이 다르게 느껴집니다. 모션 작업이 쫀쫀할수록 불필요한 프레임이 없어서 작업 효율도 높아집니다. 이번에는 자연스러운 모션을 만드는 애니메이팅 방법을 배우고, 이모티콘 작업에 적용해 봅니다.

속도감에 따른 프레임 수

프레임의 개수가 속도감을 결정합니다. 영화나 게임 같이 자연스럽게 움직이는 모션들은 최소 24프레임을 사용합니다.

우리가 만드는 이모티콘도 프레임이 많을수록 움직이는 과정이 더 자연스럽게 보입니다. 따라서 비교적 천천히 움직이는 것처럼 느껴집니다. 아직 이해하기 어렵다면 조금 더 쉬운 예시를 살펴볼까요? 카메라의 연사 기능을 떠올려 봅시다. 같은 장소에 서 있는 캐릭터를 연속으로 촬영하면 비슷한 형태의 사진이 여러 장 촬영됩니다. 아래 3가지 예시 중에서 어떤 캐릭터가 A부터 B까지 가장 빠르게 달리는 느낌인가요?

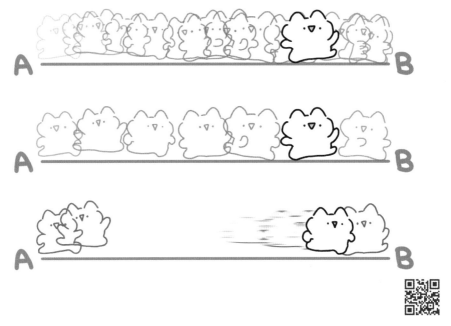

맨 위쪽의 캐릭터가 가장 느리게 이동하는 것처럼 보이고, 맨 아래쪽의 캐릭터는 순식간에 이동한 것처럼 보입니다. 중간에 캐릭터의 움직임이 많이 보이면 카메라의 슬로 모션으로 찍은 것처럼 느껴지기도 합니다. 반대로 캐릭터의 움직임이 생략되면 타임랩스로 찍은 것처럼 빠르게 느껴집니다.

움직이는 이모티콘은 어떤 속도가 어울리는지 항상 생각합니다. 예시로 ©funppy의 〈진짜 급하개 진짜 바쁘개〉는 엄청나게 빠른 속도감이 특징이고, 반대로 〈가지마아라아고옴〉은 매우 느린 속도감이 특징입니다. 자연스러운 모션도 물론 승인을 좌우하지만, 본인의 콘셉트에 맞는 속도감이 움직이는 이모티콘에서는 승인에 중요한 요소가 되기도 합니다.

진짜 급하개 진짜 바쁘개
©funppy

가지마아라아고옴
©funppy

속도를 센스 있게 활용한 ©funppy의 이모티콘들

탱탱볼로 배우는 자연스러운 모션

애니메이팅을 처음 배울 때 자주 활용하는 방법으로, 탱탱볼이 바닥에 떨어지는 순간을 모션으로 표현했습니다. 양쪽의 탱탱볼 이미지를 비교합니다.

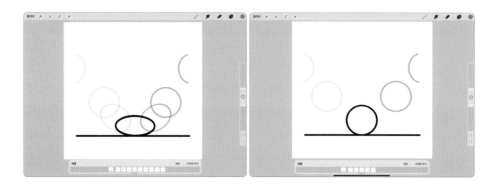

- **왼쪽 이미지**: 바닥에 닿는 힘으로 공이 납작하게 변형된다. 역동적인 힘이 느껴진다. 바닥에 가까워질수록 프레임이 많아진다.
- **오른쪽 이미지**: 바닥에 닿아도 원형을 유지한다. 일정한 힘이 느껴진다. 프레임 간격이 비슷하게 유지된다.

이번에는 위아래로 튀기는 공을 살펴봅니다. 위에서 떨어져서 바닥에 닿는 공의 모습입니다. 간격과 원의 형태가 중요한 이유는 공이 처음에 떨어질 때의 속도와 바닥에 닿는 순간의 속도가 다르기 때문입니다. 작업을 할 때도 이 속도감을 표현하기 위해서 프레임 사이의 간격을 조절해야 합니다.

동일한 간격과 동일한 형태　　　　　　　　　　다른 간격과 동일한 형태

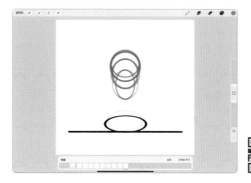

다른 간격과 변형된 형태

프레임 변화가 느껴지시나요? 통통 튀는 탱탱볼을 예로 들었지만 점프하는 캐릭터의 볼살, 출렁이는 뱃살, 펄럭이는 옷자락 등 다양한 소품에 이러한 원리를 적용해서 모션을 제작하면 이전보다 효율적으로 더욱 쫀쫀한 결과물을 만들 수 있습니다.

결국 쫀쫀한 모션이란 평소에 우리가 보는 애니메이션 영화처럼 자연스러운 움직임보단, 최적의 프레임 수로 모션을 나타낸 것입니다. 정말 자연스럽게 움직이는 곰돌이 푸 애니메이션과 찰지고 쫀득쫀득한 찹쌀떡의 움직임 차이를 상상해 봐도 좋습니다.

동일한 액션이라도 앞에서 살펴본 것처럼 프레임의 간격과 형태에 따라 속도감이 다릅니다. 우리의 눈이 생략된 프레임을 자연스럽게 이어지도록 인식하는 과정에서 쫀쫀한 모션이 만들어집니다.

반동 표현하기

캐릭터가 어떤 행동을 할 때 그 부위만 움직이면 어딘가 어색하게 느껴집니다. 예를 들어, 친구에게 손을 흔들 때 모든 신체 부위가 가만히 있는데 손만 까딱거리면 이상하겠죠? 실제로는 자연스러운 반동으로 고개도 살짝 움직이고 어깨와 다리도 흔들립니다.

이처럼 모든 부위가 생생하게 표현되는 가장 쉬운 방법은 모션을 표현하기 위해서 조금씩 다른 그림을 연결할 때 모든 프레임을 복사해서 붙여 넣기만 하지 말고, 직접 따라 그리는 것입니다. 그럼 비슷한 포즈라도 훨씬 자연스럽게 느껴집니다. 아래의 예시처럼 여러분의 캐릭터도 그림체 스타일이 깔끔해야 한다면, 복사해서 붙여넣기를 한 다음에 볼이나 귀, 다리 등 다른 부위의 흔들림을 표현하면 자연스러워집니다.

🔵 어울리는 문구 넣기

이모티콘에 문구를 넣을 때는 상업용 무료 폰트를 사용하거나 직접 글씨를 그려 넣어도 됩니다. 깔끔한 글씨체의 문구로 작업을 해도 폰트보다는 직접 쓰는 분이 많습니다. 만약 자신이 너무 악필이라서 걱정이 된다면, 글자를 아래쪽 레이어에 깔고서 위에 직접 글씨를 쓰는 식으로 가이드 라인을 가지고 작업해도 됩니다.

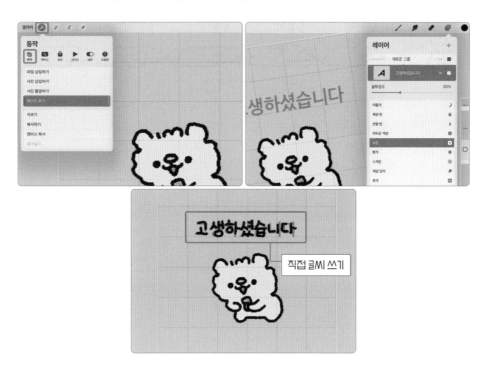

직접 글씨 쓰기

NOTE **움직이는 문구의 매력**

캐릭터가 움직이는데 문구는 가만히 있으면 어색합니다. 문구 프레임을 최소 2개 이상으로 만들고, 자연스럽게 자글거리는 글씨를 만들면 더 귀여운 느낌을 살릴 수 있습니다.

멈춰 있는 형태의 자글거림

캐릭터의 모션이 끝났다고 갑자기 모든 게 멈춰버리면 마치 영상을 보다가 랙(Lag)이 걸려서 끊긴 것처럼 어딘가 어색합니다. 따라서 모션이 끝나면 자연스럽게 멈춰지도록 적어도 멈춰 있는 모습을 3프레임 정도는 더 복제해서 모션이 급하게 끊기지 않도록 제작합니다. 저의 카카오 이모티콘인 〈우당탕탕 직장인대고〉에서 이러한 모션을 활용했습니다.

⬤ 모션 실전 연습

여러 사례에서 활용할 수 있는 기본 모션을 연습하겠습니다. 비슷한 모션이더라도 표현은 다양하므로 간단한 실전 연습을 한 뒤에는 자신의 상상력을 발휘해 보세요!

허리를 숙이는 모션 만들기

허리를 숙이는 모션은 많이 쓰입니다. 인사, 감사, 사과, 존경 심지어 집사 스타일까지 활용할 수 있습니다. 허리 숙이는 모션을 연습하며 여러분의 캐릭터에 적용해 봅니다.

1 이모티콘 제작 사이즈인 360 x 360px 캔버스를 열었습니다. 똑같을 필요는 없습니다. 자신의 작업 취향에 맞춰 사이즈를 설정합니다.

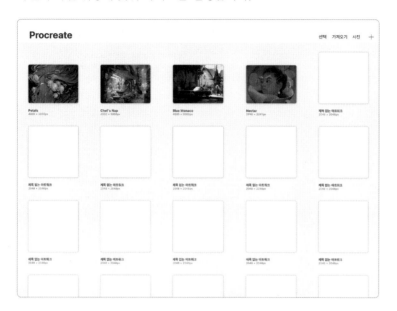

2 캐릭터의 머리를 동그랗게 그리면서 펜을 떼지 않고 기다리면, 원이 생성됩니다. 이때 원 상태에서 펜을 떼지 않고 다른 손가락으로 화면을 터치하면 정원이 됩니다. 모션 작업을 위해 왼쪽 위의 [동작]에서 [캔버스]를 열고 [애니메이션 어시스트]도 활성화했습니다.

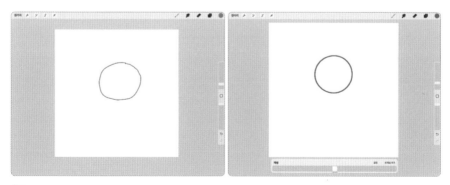

Tip 스케치 단계는 완벽한 원이 필요 없지만, 크기와 비율이 바뀔 것을 고려하여 정원으로 작업합니다.

3 허리를 숙이는 모션이므로, 원이 아래 방향으로 움직여야 합니다. [레이어]에서 원 레이어를 [복제]합니다. [애니메이션 어시스트] 창에 새로운 프레임이 추가되었습니다.

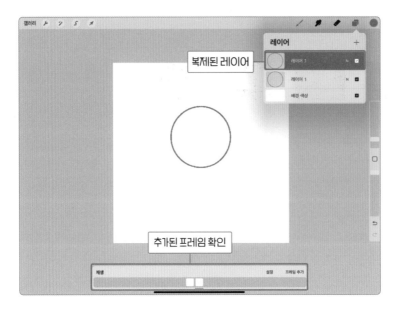

4 왼쪽 위의 [변형]을 선택하고 원을 머리를 숙일 때 있을 위치로 이동합니다.

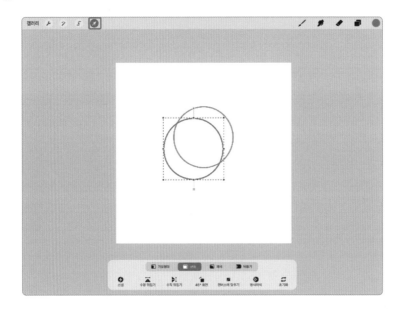

5 앞의 과정을 두 번 더 반복하여 아래의 그림처럼 총 4개의 레이어를 생성합니다. 이 과 정에서 [재생]을 눌러가며 머리 숙이는 위치가 적정한지 조정합니다.

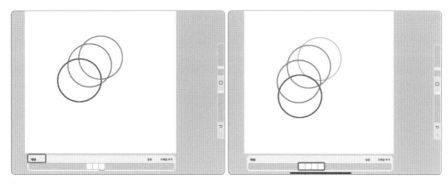

Tip 고개를 격하게 끄덕거리거나 빠르게 고개를 숙이는 모션을 극대화하려면 원들의 간격을 동일하지 않고 양쪽 끝에 가깝게 배치합니다.

6 이제 몸통의 형태를 어림잡아서 그립니다. 나중에 스케치 선을 정리하기 때문에 지금 은 자연스러운 모션을 만드는 과정에 집중합니다.

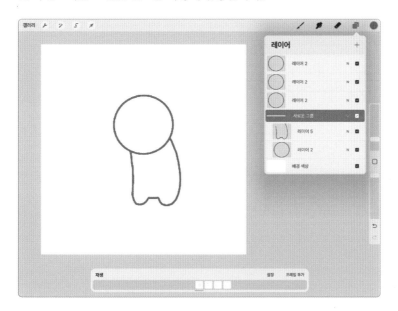

7 머리 레이어와 몸통 레이어를 그룹으로 각각 묶어서, **개별 프레임**을 완성합니다. 원하는 레이어를 왼쪽으로 스와이프해서 선택하고 위쪽의 [**그룹**]을 선택하여 묶으면 됩니다.

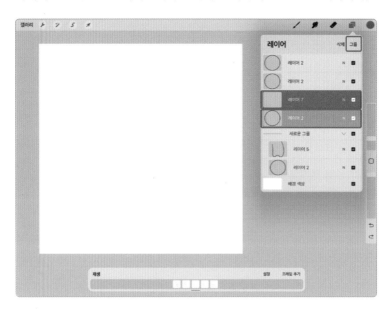

8 모션 중에도 움직이지 않을 발 부분은 각각의 몸통 레이어마다 똑같이 그리며, 허리만 머리를 따라서 그립니다. 작업의 중간 중간에 [**재생**]을 누르면서 허리 숙임이 자연스러운지를 꼭 확인합니다.

Tip 애니메이션 어시스트의 [설정]에서 [어니언 스킨 프레임] 수를 늘려서 지금까지 그린 레이어를 한 번에 확인합니다. 선택하면 고개를 숙이는 모션을 더 자연스럽게 확인할 수 있습니다.

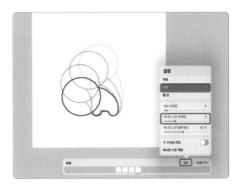

9 새로운 레이어를 추가해서 공손하게 모은 팔을 그립니다. 고개가 숙여질수록 팔이 가려지는 포인트를 고려합니다.

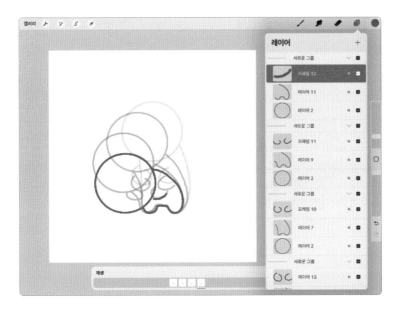

10 새로운 레이어를 추가하고 몸통의 방향에 맞춰서 얼굴을 그립니다.

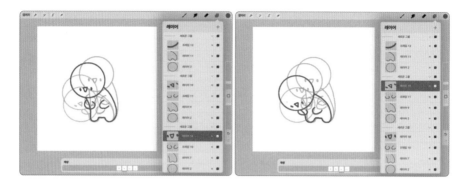

11 얼굴의 방향도 고개가 숙여질수록 정수리만 보여서 마지막 프레임은 얼굴을 그리지 않았습니다.

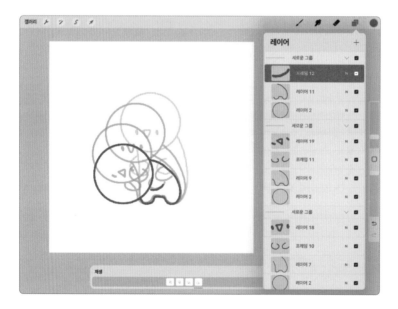

12 각각 레이어 그룹을 [병합]합니다. 병합으로 정리된 총 4개의 레이어를 모두 오른쪽으로 스와이프해서 선택하고, [변형]으로 자신의 캐릭터에 맞는 비율로 조절합니다.

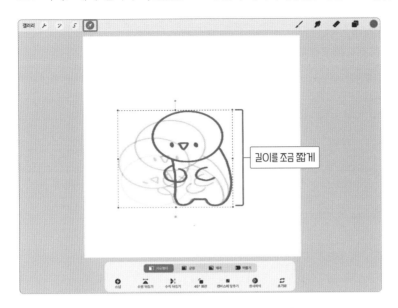

13 레이어를 추가하고 모션 스케치 레이어와 [그룹]으로 연결하고, 모션 스케치는 [N]으로 불투명도를 낮춰줍니다.

14 새로운 레이어에 캐릭터를 그립니다. 아직 스케치 단계이니 깔끔하지 않아도, 캐릭터의 비율과 기획안의 콘셉트를 유지하는 게 중요합니다.

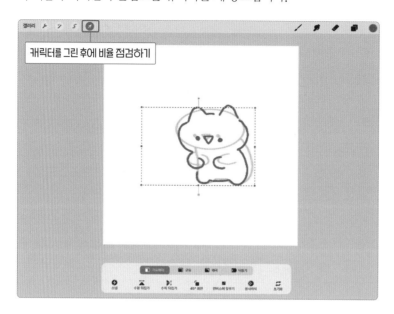

15 4개의 레이어 모두 레이어를 각각 추가해서 그 위에 캐릭터를 그립니다.

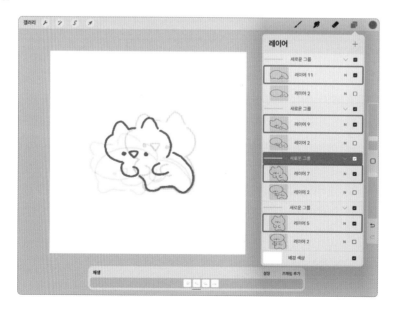

16 특히 고개를 숙인 레이어가 어렵게 느껴진다면, 위아래가 뒤집어진 정면을 그린다고 생각하면 편합니다.

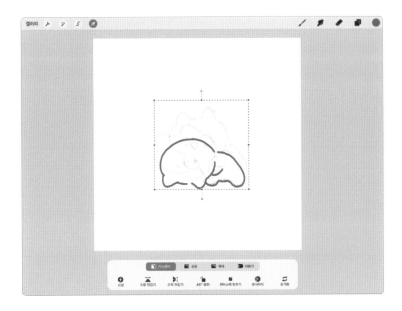

17 캐릭터 스케치까지 완성되었다면, 다시 사이즈를 조절합니다.

18 처음에 그렸던 모션 스케치 레이어는 체크 박스만 해제해도 되고 전부 [삭제]해도 됩니다.

19 프레임별로 레이어가 그룹화되도록 정리합니다.

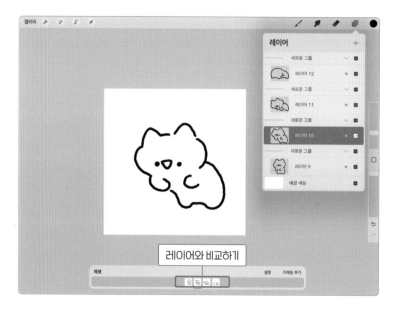

20 하나의 그룹을 하나의 멈춰있는 이모티콘이라고 생각합니다. 카카오 배경 색상을 넣어
서 비교하고, 캐릭터 색상을 채웁니다.

21 이런 식으로 그룹별로 각각 3개의 레이어(캐릭터 스케치, 포인트 추가, 최종 배경색)로
그룹 4개를 만듭니다.

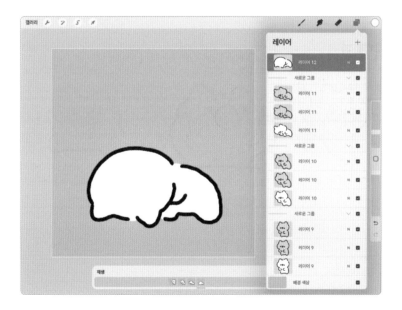

22 완성본을 확인합니다.

불투명도 조절하여 모션 꾸미기

모션을 성실하게 표현하는 연습이 우선이지만 프로크리에이트에서 제공하는 다양한 효과
와 필터를 사용하면 작업 시간을 줄일 수 있습니다.

캐릭터에 생동감을 더하는 모션들

1 겉으로는 웃고 있지만 속마음은 다른 이모티콘 효과를 내보겠습니다. 우선 앞에서 웃고 있는 캐릭터와 뒤에서 찡그리고 있는 캐릭터를 그립니다. 두 캐릭터는 다른 레이어 그룹으로 작업합니다.

2 두 캐릭터의 위치가 확정되면 스케치 레이어를 병합합니다. 캐릭터 스케치 선도 각각 레이어로 추가합니다.

3 같은 자리에서 조금씩 움직이는 모션으로 만들겠습니다. 스케치 레이어를 복제해서 총 3개의 그룹으로 캐릭터 레이어의 선을 땁니다. 너무 똑같이 따면 정지 상태로 보이므로 적당히 꾸불거리는 느낌이 나도록 차이를 줍니다. 각각 레이어를 분리해서 정리합니다.

4 앞에 있는 캐릭터와 뒤에 있는 캐릭터를 각각 그룹으로 나누어 채색합니다. 이때 그룹 1 안에 앞에 있는 캐릭터인 그룹 A, 뒤에 있는 캐릭터인 그룹 B가 포함되도록 정리합니다.

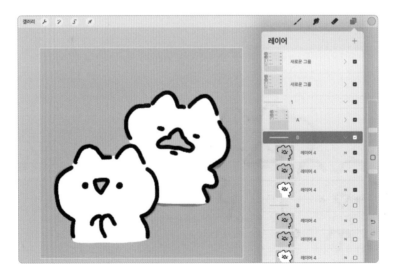

5 불투명 효과를 주려면 그룹 B를 병합해야 합니다. 하지만 중간에 실수할 수도 있으니 먼저 그룹 B를 복제하고 복제한 레이어는 [체크 박스]를 해제합니다. 그 후 위에 있는 그룹 B의 제목을 터치하여 병합합니다.

6 병합한 그룹 B는 레이어에 이렇게 나타납니다. 불투명도를 낮춰 흐릿하지만 가독성은 있게 적당하게 조절합니다.

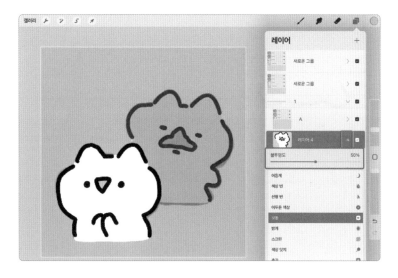

7 불투명도를 조절하여 속마음이 다르게 보이는 효과를 완성했습니다. 이렇게 불투명도를 조절하면 '영혼 나감', '사라지고 싶다', '도망' 등 문구와 어울리게 적용할 수 있습니다.

움직임 흐림 효과로 빠른 모션 만들기

1 캐릭터가 위에서 아래로 떨어지는 모션을 표현하겠습니다. 발끝만 보이게 시작해서 몸 전체가 착지하는 포즈로 완성하면 하늘에서 떨어지는 느낌이 납니다.

2 최종 착지 포즈인 마지막 프레임 바로 직전 레이어는 중력을 받아서 착지 상태보다 조금 더 쭈그리고 있는 모습으로 그리면 훨씬 쫀쫀함이 살아납니다.

3 중간 정도 떨어진 스케치 레이어를 A라고 라벨링하고 복제해서 그룹화합니다.

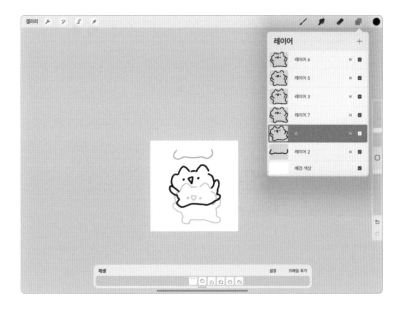

4 복제한 레이어 A를 선택합니다.

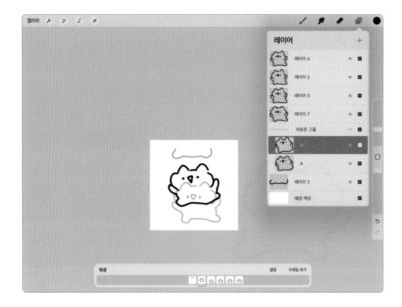

5 왼쪽 위의 [조정]–[움직임 흐림 효과]를 적용합니다.

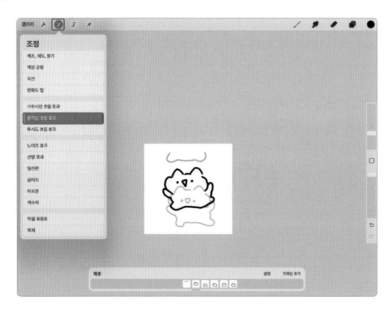

6 흐림의 정도는 오른쪽으로 스와이프하는 정도에 따라 달라집니다.

7 레이어 창에서 흐림이 적용된 레이어를 아래로 내리고, 불투명도를 조절합니다.

8 캐릭터 안쪽에 있는 흐림 선은 **지우개**로 깔끔하게 지웁니다.

9 채색할 때도 효과 선 레이어는 두고 **본체**만 채색합니다.

10 그러면 등장하는 이모티콘 완성!

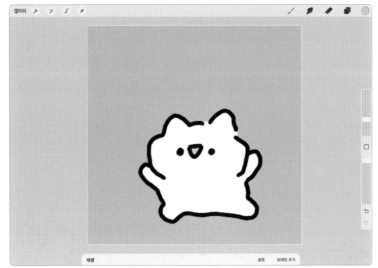

 이 효과는 무언가 날라가거나, '가는중', '신나', '춤', '퇴근' 등 빠르게 움직이는 모션에서 프레임 수를 아
낄 수 있습니다.

Chapter 7

포토샵으로 마무리하기

Lesson 01
카카오 제안용 파일 만들기

기획부터 스케치와 모션 작업까지 거쳐 여기까지 오느라 고생 많으셨습니다. 힘든 작업은 모두 끝났습니다! 이제 파일을 규격에 맞는 포맷으로 만들면 이모티콘 제안을 할 수 있습니다.

포토샵 준비하기

어도비(https://www.adobe.com/kr/) 사이트에 들어가면 다양한 플랜이 준비되어 있습니다. 처음 사용한다면 개인 사용자 기준으로는 7일간 무료 체험도 가능합니다. 개인 구독제로 어도비 포토샵은 기기 2대까지 로그인이 가능하므로 여러 기기를 번갈아 사용할 수 있습니다.

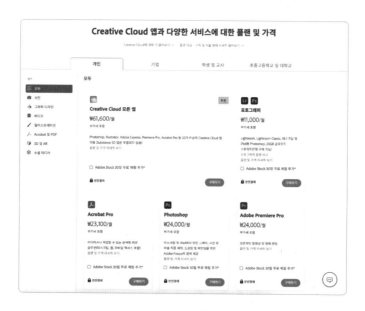

● 제안용 파일 만들기

제안용 파일은 플랫폼마다 기본적인 방식은 동일합니다. 하지만 사이즈 등 양식이 일부 다르기 때문에 자세한 사항은 해당 플랫폼의 매뉴얼을 따르면 됩니다.

멈춰 있는 이모티콘 제안 파일 만들기

| 준비물 | 프로크리에이트, 포토샵, 예제 파일_가랏.psd

1 프로크리에이트에서 멈춰 있는 이모티콘 파일을 열어줍니다. 제안용 파일을 만들 때는 필요 없지만, 나중에 승인 후 최종 파일화 단계에서는 아래의 '가랏' 등 글자가 채팅창에서 잘 보이게 만드는 작업을 해야 합니다. 그러니 항상 나중을 고려하여 채색 레이어와 글자 레이어를 분리해서 하나의 그룹으로 묶어서 정리합니다.

2 왼쪽 위에서 [동작]을 선택하고 [공유]에서 포토샵 파일 양식인 [PSD]를 선택합니다.

3 이제 파일을 내보낼 위치를 정합니다. [파일에 저장]을 선택하여 iCloud에 저장합니다. 혹은 Google 드라이브, AirDrop, 카카오톡 등으로 데스크톱에 옮깁니다.

4 프로크리에이트에서 데스크톱으로 내보낸 PSD 파일을 더블 클릭하여 **포토샵**을 실행합니다. 아직 파일이 없다면 예제 파일_가랏.psd를 다운로드하여 연습해 보세요.

5 상단의 [파일] 탭에서 [내보내기]–[웹용으로 저장]을 선택합니다.

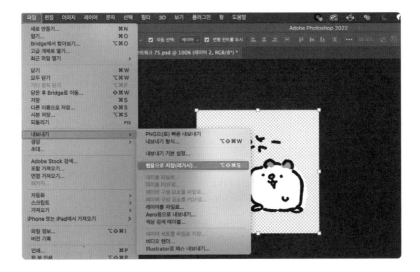

6 아래와 같이 팝업창이 표시됩니다. 여기서 파일의 형식과 크기, 배경 여부를 한 번에 설정할 수 있습니다. 오른쪽 메뉴에서 사전 설정을 열고 [PNG-24]를 선택합니다.

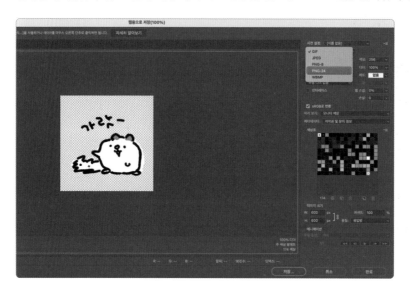

7 오른쪽 아래에서 이미지 크기를 360 X 360px로 변경합니다. 이미 캔버스 크기가 360 x 360px라면 그대로 둡니다.

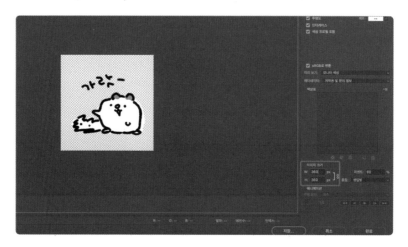

8 오른쪽 메뉴에서 [투명도]를 체크합니다. 준비가 끝났으면 오른쪽 아래의 [저장]을 눌러서 원하는 위치에 저장합니다.

9 나머지 31개의 이모티콘 파일도 1번~8번까지 동일한 방법으로 반복합니다. 멈춰 있는 이모티콘을 제안하려면 총 32개를 저장해야 하니, 저는 제안용_1, 제안용_2, 제안용_3 등으로 넘버링하여 정리했습니다.

10 이제 카카오 이모티콘 스튜디오 사이트를 열고, [멈춰 있는 이모티콘]의 원하는 위치에 드래그해서 넣으면 제안 준비가 완료됩니다.

움직이는 이모티콘 제안 파일 만들기

| 준비물 | 프로크리에이트, 포토샵, 예제 파일_뿌앵.psd

1 움직이는 이모티콘 파일을 열어줍니다.

2 왼쪽 위에서 [동작]을 선택하고 [공유]에서 포토샵 파일 양식인 [PSD]를 선택합니다.

3 이제 파일을 내보낼 위치를 정합니다. [파일에 저장]을 선택하여 iCloud에 저장합니다. 혹은 Google 드라이브, AirDrop, 카카오톡 등으로 데스크톱에 옮깁니다.

4 프로크리에이트에서 데스크톱으로 내보낸 PSD 파일을 더블 클릭하여 **포토샵**을 실행합니다. 아직 파일이 없다면 예제 파일_뿌앵.psd를 다운로드하여 연습해 보세요.

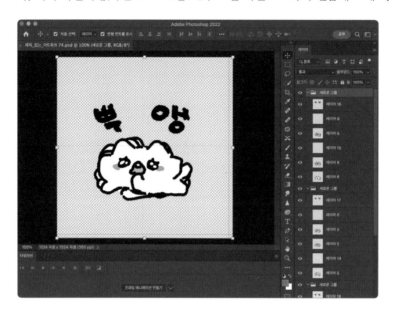

5 오른쪽 메뉴바의 [레이어] 탭에 총 3개의 새로운 그룹이라는 이름의 제목이 표시됩니다.

NOTE **레이어를 병합하기 전에는 사본을 만들자**

움직이는 이모티콘은 프레임이 많아지면 레이어들이 늘어나 복잡하기 때문에 레이어 병합이 필요합니다. 만약 그룹 병합을 하지 않고 작업을 하면 서로 다른 그룹의 레이어를 잘못 조작해 섞이는 경우가 생길 수 있어서 병합을 하고 작업합니다. 하지만 이미 병합한 레이어는 풀지 못합니다. 만일의 상황을 대비해서 병합을 하기 전에는 항상 사본을 만들어서 정리합니다.

6 그룹의 제목을 클릭하고 [Ctrl]+[E]를 누르면 그룹에 포함된 레이어들이 병합됩니다. 나머지도 레이어를 각각 병합합니다.

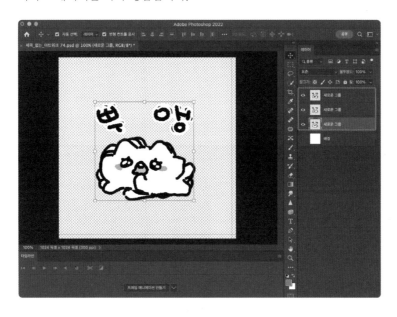

7 배경 레이어를 오른쪽 마우스로 클릭하여 메뉴를 열고 [레이어 삭제]를 선택합니다.

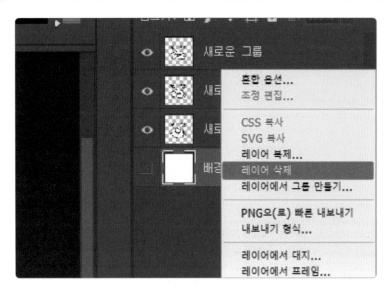

8 [창] 탭을 열고 [타임라인]을 선택합니다.

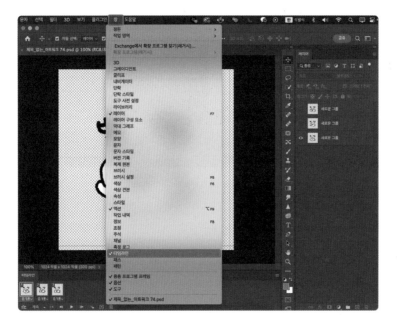

9 아래쪽에 타임라인 창이 표시되면 [V] 버튼을 클릭하고 [프레임 애니메이션 만들기]를 선
택합니다.

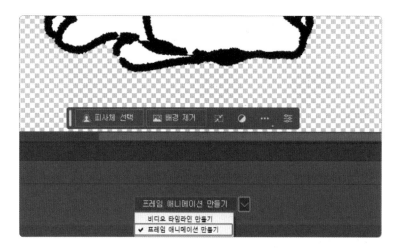

10 프레임 애니메이션 만들기를 클릭하면 프레임 애니메이션을 만들 수 있는 창이 표시됩
니다.

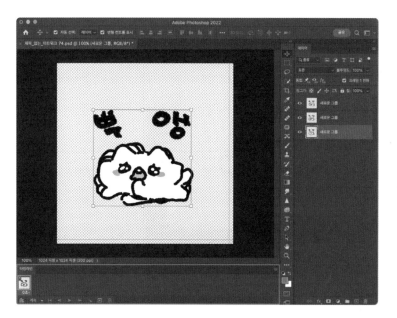

11 프레임 애니메이션 창의 오른쪽에 있는 [메뉴] 아이콘을 클릭하고 [레이어에서 프레임 만들기]를 선택합니다.

12 레이어 개수만큼 프레임이 생성됩니다. 맨 아래쪽에서 [재생] 버튼을 눌러봅니다. 매우 빠른 속도로 캐릭터가 움직입니다. 각 프레임의 0초 오른쪽의 [∨] 버튼을 클릭하고 [0.1초]로 변경합니다.

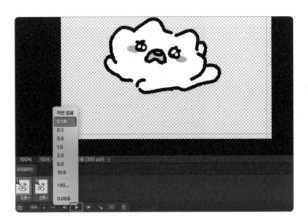

Tip 재생 속도를 일일이 바꾸기 번거롭다면, 1번 프레임을 클릭하고 Shift 를 누른 상태로 마지막인 3번 프레임을 클릭해서 전체 프레임을 일괄 선택합니다. [∨] 버튼을 클릭하면 속도가 한 번에 바뀝니다.

13 이제 움직이는 이미지인 GIF로 변환하겠습니다. [파일] 탭에서 [내보내기]-[웹용으로 저장]을 선택합니다.

14 아래와 같이 웹용으로 저장의 팝업창이 표시됩니다. 여기서 파일의 형식과 크기, 배경 여부를 한 번에 설정할 수 있습니다. 사전 설정에서 [GIF]를 선택합니다.

> **Tip** 포토샵 버전이나 업데이트 상황에 따라 사전 설정의 GIF 값이 GIF 128, GIF 64 등으로 다양하게 표시됩니다. 숫자가 커질수록 화질이 좋아지지만, 제작 과정 자체에는 큰 영향을 주지 않습니다.

15 움직이는 이모티콘은 배경을 흰색으로 제출해야 합니다. 따라서 [투명도]는 체크를 해제합니다. 이제 [이미지 크기]도 제안하는 플랫폼의 양식과 맞는지 확인하고 [저장]을 선택합니다. 여기서는 카카오 이모티콘 기준으로 360 x 360px로 설정했습니다.

16 제안용 파일은 헷갈리지 않게, 제안용_01,02,03 식으로 넘버링하여 정리합니다.

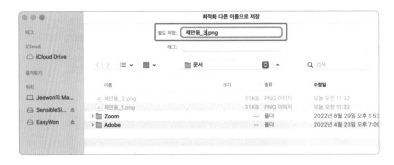

17 이제 카카오 이모티콘 스튜디오 사이트를 열고, [움직이는 이모티콘]의 원하는 위치에 해당 파일을 드래그해서 넣으면 제안 준비가 완료됩니다.

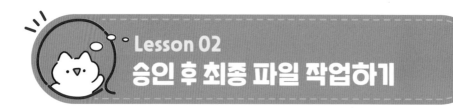

Lesson 02
승인 후 최종 파일 작업하기

제출하신 제안이 승인되었나요? 축하드립니다! 기획을 하고, 캐릭터를 만들고, 이모티콘을 제안해서 승인
까지 여태 고생을 하셨으니 최종 파일화만큼은 편하게 하시면 좋겠다는 마음으로, 이번 레슨은 승인 후 최
종 파일 작업을 최대한 빠르게 작업할 수 있는 여러 팁을 가지고 왔습니다.

🔘 글자에 테두리 효과 주기

이모티콘은 일반적으로 배경색이 있는 채팅방에서 사용됩니다. 그런데 어두운 배경 테마
사용자는 검은 배경에 검은 글씨가 겹쳐져서 이모티콘에 넣은 글씨가 잘 보이지 않습니다.
따라서 항상 최종 파일화 작업에선 글자에 흰색 테두리 효과를 주어 가독성을 높이는 작업을
해야 합니다.

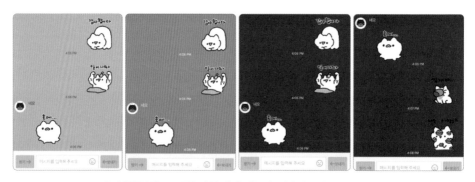

글자가 잘 보이는 1,2,3번, 어두운 배경 때문에 글자가 잘 보이지 않는 4번

레이어를 작업할 때는 글자 레이어를 따로 분리하고 그룹으로 정리하는 습관을 들이면 좋
은 이유가 바로 글자 작업 때문입니다. 간단한 작업이지만 움직이는 이모티콘이라면 모든
프레임을 작업해야 하고, 그걸 또 24번이나 해야 합니다. 만약 글자 레이어를 따로 분리하

고 정리하지 않았으면 이러한 작업이 더 까다롭고 자칫 실수를 할 수 있습니다.

Tip 프로크리에이트에서 글자 레이어를 맨 위나,
맨 아래 배치해서 어떤 레이어인지 알기 쉽게 해
줍니다.

글자에 테두리 효과 만들기

| 준비물 | 포토샵, 예제 파일_뿌앵.psd |

1 먼저 포토샵으로 파일을 불러옵니다. 아직 만든 파일이 없다면 예제 파일 뿌앵.psd로
연습해 보세요. 예제 파일에서는 [레이어] 탭에서 각 그룹의 위쪽에 있는 레이어 16, 레이
어 17, 레이어 18이 '뿌앵'이라고 나오는 글자 레이어입니다.

Tip 병합한 레이어를 푸는 방법은 없으므로, 움직이는 이모티콘 제안용 파일을 만들면서 예제 파일의 레이
어를 병합했다면 새로운 예제 파일을 다시 다운로드하여 연습하세요.

2 먼저 레이어 16을 선택합니다. 레이어의 이름이 아니라, 레이어의 사각형을 더블 클릭합니다. 레이어 스타일 설정 창이 표시되었습니다.

3 설정 창의 왼쪽 메뉴바에서 [획]을 선택합니다. 크기는 13px로, 위치는 바깥쪽으로, 색상은 흰색으로 설정하고 [확인]을 누릅니다.

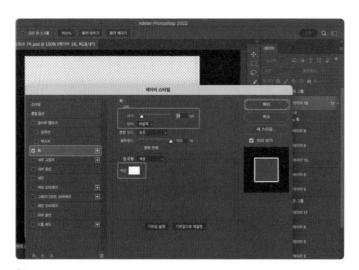

> Tip [획]은 레이어에 테두리를 씌우는 기능입니다. 만약에 그림이 섞인 레이어라면 그림 자체에도 테두리가 적용되므로 반드시 레이어에 글자만 있는지 확인합니다.

테두리 두께는 슬라이더로 스타일에 맞게 조절하자

[미리보기]를 체크하고 크기의 슬라이더를 좌우로 움직입니다. 미리보기를 보며 설정하면 더 편리합니다. 너무 얇거나, 너무 두껍다면 가독성이 떨어지니 설정을 한 다음에는 카카오 뷰어에 꼭 넣어보고 적절한 두께를 찾아야 합니다.

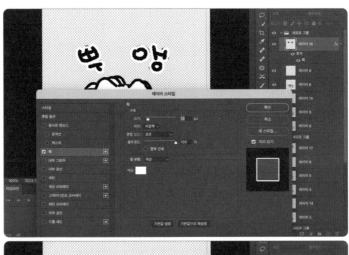

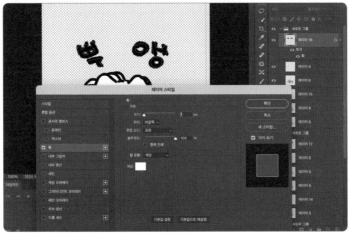

4 오른쪽 [레이어] 탭에서 글자 레이어에 효과, 획이 표시되었습니다. 또한 이미지 화면에서도 '뿌앵'이라는 글자에 테두리가 표시되었습니다.

5 이제 레이어 16이 포함된 그룹의 제목을 선택하고 Ctrl + E 로 레이어를 병합합니다.

레이어 병합

6 레이어 17과 레이어 18이 있는 나머지 2개의 그룹도, 글자 레이어에 모두 테두리를 적용
하고 그룹을 병합해야 합니다. 앞선 과정에서는 직접 슬라이더를 조절했지만, 이번에
는 레이어 스타일 설정 창의 왼쪽 메뉴바에서 [획]의 체크 박스만 체크해도 자동으로 이
전과 동일하게 적용됩니다.

7 나머지 두 그룹을 `Ctrl`+`E`로 각각 병합합니다. 이렇게 총 세 그룹이 각각 병합되었습
니다. 배경 레이어는 삭제합니다.

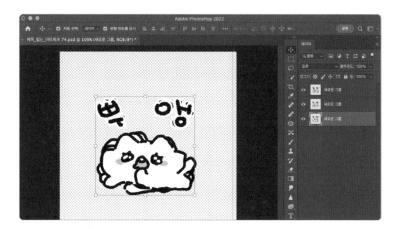

🔍 작업한 프레임 한 번에 내보내기

카카오톡 이모티콘의 승인 후 최종 파일화 작업에선 WebP라는 파일 형식으로 제출합니다. 카카오에서는 이모티콘이 승인되면, 웹피 애니메이터라는 프로그램을 지원합니다. 그런데 이 프로그램에서 이모티콘을 제안할 때처럼 한 번 더 애니메이팅 작업을 해야 합니다. 모든 프레임을 일일이 저장하면 반복 작업을 몇백 번이나 해야 합니다. 그래서 한 번에 프레임을 내보내는 방법을 알아두면 좋습니다.

| 준비물 | 포토샵, 예제 파일_뿌앵_2.psd

1 먼저 **포토샵**으로 파일을 불러옵니다. 아직 만든 파일이 없다면 예제 파일 **_뿌앵_2.psd**로 연습해 보세요. **뿌앵_2.psd**는 글자에 **테두리 효과**까지 마친 파일입니다.

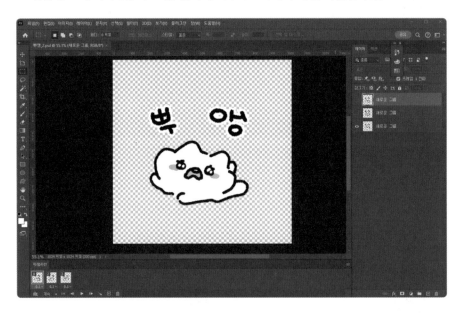

2 이번에는 3프레임을 총 24프레임 동안 재생이 될 수 있게 만들어야 합니다. 먼저 레이어 3개를 Shift 를 누르면서 동시에 선택하고 Ctrl + J 로 7번 복사해서 총 24개의 레이어를 만듭니다.

3 프레임 창에 있던 프레임들은 아래쪽의 [쓰레기통] 버튼을 클릭하여 삭제합니다.

4 [레이어에서 프레임 만들기]를 클릭하고 레이어를 프레임화 합니다.

5 [Shift]를 누른 상태로 1번 프레임과 24번 프레임을 순서대로 클릭하여 전체 선택을 합니다. [∨] 버튼을 누르고 속도를 [0.1]로 바꿉니다. 이렇게 모든 프레임이 같은 속도인지 확인해야 문제 없이 저장됩니다. 꼭 확인하세요.

6 [파일] 탭에서 [내보내기]−[비디오 렌더]를 선택합니다.

7 비디오 렌더 팝업창이 표시됩니다. 파일이 여러 개가 생길 예정이므로 너무 복잡하지 않은 이름을 짓습니다. 저는 '뿌앵'이라고 입력했습니다.

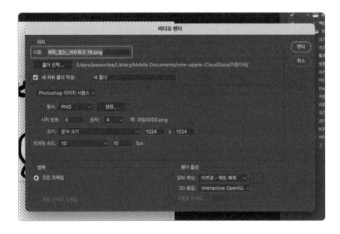

8 다음과 같이 [Photoshop 이미지 시퀀스]를 선택합니다.

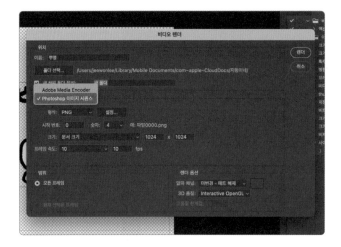

9 형식은 [png], 시작 번호는 1, 숫자는 1으로 설정합니다. 파일의 크기도 360 x 360으로 일괄 변경할 수 있습니다. 마지막으로 프레임 속도를 10으로 설정하고 [렌더]를 클릭합니다. 숫자는 파일명 뒤에 붙는 번호입니다. 1이면 파일명은 '파일1'이고, 2면 파일명은 '파일01'이 됩니다. 정해진 방법은 없으니 편한 대로 설정하세요.

(Tip) 만약 PNG 형식 옵션이라는 팝업창이 떴다면 [인터레이스]를 체크하고 [확인]을 눌러줍니다.

10 아래와 같이 원하는 폴더에 작업한 프레임들이 한 번에 순서대로 저장됩니다.

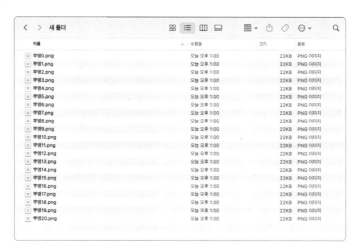

NOTE **움직이는 이모티콘 만드는 과정 총정리**

움직이는 이모티콘을 만드는 실전은 아래와 같은 과정을 거칩니다. 헷갈리지 않도록 확인해 보세요.

움직이는 이모티콘 제안용 파일 만들기 → 제안하기 → 승인 → 플랫폼별 최종 파일 가이드 확인 →

글자에 테두리 효과 주기 → 작업한 프레임 한 번에 내보내기(애니메이팅 작업)

액션 기능으로 반복 작업 자동화하기

이모티콘 최종 파일화 작업은 매번 같은 작업을 반복할 일이 많습니다. 그래서 자주 사용하는 일련의 과정들을 녹화해서 단축키처럼 지정하는 [액션] 기능을 사용하면 작업 시간이 훨씬 단축됩니다.

| 준비물 | 포토샵, 예제 파일_뿌앵_3.psd

1 먼저 **포토샵**으로 파일을 불러옵니다. 아직 만든 파일이 없다면 예제 파일 **뿌앵_3.psd**로 연습해 보세요. [창] 탭에서 [액션]을 클릭합니다.

2 액션 탭이 열리면 맨 아래의 [+] 버튼을 클릭합니다.

3 새 액션 팝업창이 표시되면 액션의 이름, 이모티콘 세트를 고르는 설정, 액션의 단축키로 사용할 기능 키를 정하고 [기록] 버튼을 누릅니다. 액션 기능을 처음 사용한다면 설정에 [기본 액션]만 있습니다.

NOTE **액션 세트를 만들어서 관리하자**

레이어 정리를 하는 것처럼 다양한 액션을 만들어서 폴더처럼 관리할 수 있습니다. 그래서 이모티콘 플랫폼마다 제출 형식을 액션으로 정리하면 최종 파일화 과정을 빠르게 진행할 수 있습니다. 새 세트를 만드는 것은 액션 창 맨 아래의 [폴더] 버튼을 클릭하면 폴더명 역할을 하는 새 세트 팝업창이 표시됩니다. 이름을 바꾸고 [확인]을 클릭합니다.

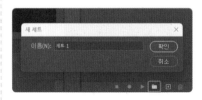

4 이제 준비가 끝났습니다. 액션 탭의 맨 아래쪽에 [녹화] 버튼이 켜진 상태를 확인합니다.

5 이모티콘 플랫폼마다 요구하는 파일 사이즈가 다릅니다. 일일이 매번 설정하면 불편하기 때문에 저는 파일 사이즈를 자동으로 변환하는 단축키를 만들었습니다. 이미지 사이즈를 변경하려면 맨 위의 [이미지] 탭에서 [이미지 크기]를 선택합니다.

6 이미지 크기 팝업창이 표시되면 카카오 이모티콘 규격인 360px로 변경합니다. 액션 탭에서 맨 아래쪽의 [사이즈 변경] 단축키 아래에 [이미지 크기] 창이 연결된 것이 표시되었습니다. 이 상태에서 이미지 크기를 변경하고 [확인]합니다.

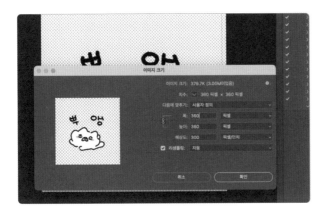

7 녹화를 종료할 때는 액션 탭의 맨 아래쪽에 있는 [정지] 버튼을 클릭합니다.

액션 확인

Tip 나중에 작업을 하다가 다른 버튼을 누르는 단계를 추가하고 싶을 수도 있습니다. 이럴 때는 액션 탭에서 해당되는 단계를 클릭하고, 맨 아래의 [녹화] 버튼을 클릭하면 쉽게 추가할 수 있습니다.

Chapter 8

캐릭터를 다양하게 활용하기

Lesson 01
프리랜서가 된 과정

캐릭터를 활용하는 방법은 이모티콘 이외에도 다양한 방법이 있습니다. 이모티콘을 만들면서 나만의 캐릭터가 완성되면 캐릭터를 더욱 다양한 방식으로 홍보하고 싶어집니다. 저의 개인적인 경험이지만, 처음에 캐릭터를 어떻게 굿즈로 만들게 되었는지 소개합니다.

캐릭터 굿즈로 판매하기

굿즈를 제작할 때 가장 많이 받는 질문이 '어떻게 판매를 시작하셨나요?'입니다. 나만의 캐릭터 문구 브랜드를 만들고 싶지만 어떻게 브랜드를 시작할지 모르겠는 분을 위해 저의 창업 경험을 공유합니다. 이 방법이 모든 분들에게 맞지 않을 수도 있지만, 이모티콘 작업을 하면서 캐릭터를 만드는 재미를 느끼셨다면 소자본으로 시작하기에는 큰 부담이 되지 않을 것 같습니다.

먼저 굿즈 브랜드를 만들고 싶은 분께 항상 가장 처음에 드리는 이야기는 '거창하게 시작하려고 하지 마세요'입니다. 시작은 작고 간단할수록 좋습니다. 저는 대학교를 다닐 때 3학년 초 즈음에 캐릭터 일을 시작했습니다. 이때는 이모티콘에 대한 노하우가 전혀 없었고, 따라서 먼저 굿즈 제품을 만들어 판매를 시작했습니다. 사실 학생이라는 신분으로 처음 작업을 해보는 것이었기 때문에, '일단 하면서 발전시키자!'라는 마음이 커서 무작정 발주부터 했던 것 같습니다.

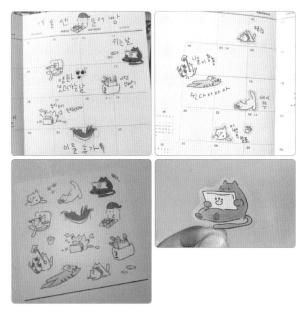

당시에 처음 만든 캐릭터 스티커들

가격은 1000원에 판매를 했습니다. 처음에는 입점처를 구하기도, 그렇다고 플리마켓에 나
갈 물량도 없었기에 학교 장터 게시판에 글을 올려 판매를 했습니다. 그리고 공강과 쉬는
시간마다 학교를 돌아다니며 배달을 하곤 했습니다.

대학 커뮤니티에 게시글 홍보

사실 이전에도 장터 게시판에 몇 번 스티커를 홍보한 경험이 있었기 때문에 이런 용기를 낼 수 있었습니다. 처음에는 스티커가 별로 팔리지 않아서 기대감이 전혀 없었습니다. 하지만 이렇게 여러 번 대중의 반응을 살피고, 조금이라도 피드백이 있으면 반영했습니다. 여러 번 수정을 거친 대고 캐릭터의 스티커는 게시글을 올린 첫날 발주했던 100장이 다 판매되었습니다.

무려 100장이라고 해도 장당 1000원이라는 저렴한 가격에 판매했기 때문에 번 돈은 고작 10만 원 안팎이었습니다. 캐릭터를 애지중지 만들고, 발주를 하고, 홍보 글을 올리고, 구입하는 사람과 소통을 하며, 매 쉬는 시간과 공강 때 학교를 다니며 배달한 수고를 생각하면 수입 자체는 적었던 것이 사실입니다.

하지만 사람들이 내 그림을 좋아하며 실제 제품이 된 내 캐릭터를 사람들이 사용하는 모습을 본 뿌듯함이 컸습니다. 결국 이때 번 10만 원이 여태까지 작업을 하는 이유가 된 것 같습니다. 그래서 저는 초반에 작업을 시작하는 분께는 꼭 당근 마켓이나 주변의 작은 공동체에서 작게 도전하시라고 권하고 싶습니다. 그래야 본격적으로 시작할 때 초반 발주 부담도 덜하고, 사람들의 니즈에 맞춰갈 수 있는 테스트 기간이 생기기 때문입니다. 저와 비슷한 경험을 거치며 나만의 캐릭터를 만들었다는 주변 사례를 많이 보았습니다. 자신이 이 일을 계속해서 할 수 있을지 실전 연습을 하면서 알아갈 수 있는 기간이기도 합니다.

 굿즈를 만들 때는 특히 더 욕심 부리지 말아요

초반에 제품을 판매할 때는 모든 것이 허술하게 느껴지고 마음에 안 들 수 있습니다. 하지만 처음부터 손에 익지 않았는데 거창하게 제작하려고 욕심을 부리거나 계속해서 미루다 보면 다양한 경험을 쌓기가 어렵습니다. 저도 처음에는 우선 판매를 한 후 구매자의 피드백을 참고하여 업그레이드를 했습니다. 시작할 때는 생각 못한 부분을 나중에 알게 되는 경우도 있기 때문에, 처음에는 작고 간단하게 시작하고 피드백을 통해 발전시키기를 바랍니다.

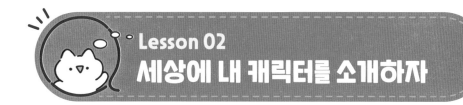

Lesson 02
세상에 내 캐릭터를 소개하자

나만의 캐릭터를 활용해서 더욱 전문적으로 굿즈를 제작하고 판매하고 싶다면, 수익을 창출할 수 있는 다양한 입점처를 알아두면 좋습니다. 플리마켓, 소품숍 등 다양한 경로를 통해 소개하는 방법을 간단히 살펴봅니다.

●깜짝 판매하기

플리마켓

특징	길거리나 쇼핑몰에서 작은 매대를 두고 판매하는 행사로 진행됩니다. 직접 셀러로 나가서 판매하거나 위탁으로 진행하는 두 가지 경우가 있습니다. 위탁을 맡길 때 수수료가 조금 더 비쌉니다.
입점 방법	인터넷에서 '플리마켓 셀러 모집' 등의 키워드로 검색해서 신청할 수 있습니다.

장점	2~3일 동안 짧게 운영되고 간단한 매대와 셋업으로 진행되어서 부담이 적습니다.
단점	행사 기간이 짧아서 유동 인구가 많은 지역이 아니라면, 마켓이 열리는 장소의 근처를 우연히 지나가는 사람들이 잠깐 방문하기 때문에 홍보 효과를 예측하기 어렵습니다.

팝업 스토어

특징	스타필드 또는 백화점 등 대형 쇼핑몰의 팝업 행사입니다. 개인 작가의 팝업 행사는 인지도가 쌓여야 할 수 있지만, 대규모 팝업 행사는 여러 작가들과 전문 대행사가 함께 문구 팝업을 여는 경우가 많습니다. 보통은 전문 대행사가 위치를 옮기며 진행합니다.
입점 방법	이메일로 대행사에 직접 연락하거나 업체에서 제안 메일을 받기도 합니다.
장점	특히 유동 인구가 많아서 판매량이 많은 편입니다. 재고만 발송하면 되기 때문에, 다른 작업과 병행하기 수월합니다.
단점	입점처를 구하는 다른 판매 방식보다 수수료가 높을 수 있습니다.

대형 페어 참가

특징	연 2회 정도 진행됩니다. 특히 캐릭터 굿즈와 디자인 분야에 관심이 있는 몇만 명의 사람이 약 2~3일간 한 장소에 모이는 특별한 행사입니다.
입점 방법	신청자가 많아서 조기 마감되는 경우가 많습니다. 따라서 페어 사이트에서 일정을 미리 확인합니다. 행사 접수는 선착순과 포트폴리오를 모두 반영하기 때문에 평소에 포트폴리오를 쌓으면 유리합니다.
장점	가장 빠르게 팔로워를 모을 수 있습니다. 홍보 효과가 탁월하며, 자신의 매대 또는 부스 사진을 찍어두면 나중에 다른 입점처에 입점 신청을 할 때 안정적인 포트폴리오가 됩니다. 또한 이러한 페어는 캐릭터 굿즈와 관련된 사업의 관계자가 많이 방문합니다. 따라서 명함을 교환하며 비즈니스로 이어지는 경우가 많습니다. 또한 온라인에서 알고 지내던 동료 작가님들과 팔로워님들도 오시기 때문에 실제로 대화할 수 있는 좋은 기회가 됩니다.

단점	판매량과 수익 자체는 부스별로 편차가 큽니다. 아직 캐릭터가 별로 알려지지 않았다면, 행사 참가비가 부담될 수도 있습니다. 또한 예상치 못한 대량 구매도 고려해야 하기 때문에 여러 종류의 굿즈를 준비할 뿐만 아니라 물량 또한 많이 준비해야 합니다. 따라서 초기 발주 비용이 큽니다.

🟤꾸준히 판매하기

소품숍과 위탁 판매

특징	매대 한 칸을 기준으로 입점을 받습니다. 따라서 제작한 굿즈의 종류가 어느 정도 갖춰진 후에 입점을 하면 좋습니다.
입점 방법	인스타그램에서 '소품숍' 또는 '소품샵'이라는 해시태그를 검색하고, 소품숍의 이메일로 제품 사진과 포트폴리오를 첨부하여 입점을 제안합니다. 인기가 많은 소품샵은 입점 신청을 특정한 기간을 열어 두고 받기도 합니다. 굿즈 판매 금액에서 수수료를 제한 후 정산을 받는 방식입니다. 간혹 입점비 또는 매대비를 받는 곳도 있습니다.

장점	일정한 장소에서 꾸준히 판매하기 때문에 플리마켓보다 판매량이 안정적이며, 캐릭터를 좋아하는 소비자가 방문하기 편합니다. 또한, 한 달에 한 번 재고를 확인하고 제품만 보내면 되므로 입점 후에는 신경 쓸 일이 적습니다.
단점	사업자 등록증이 있어야만 입점을 할 수 있는 소품샵도 있습니다. 또한, 간이과세자인지 일반과세자인지에 따라서 계약 내용도 일부 변경되기 때문에, 이러한 사항을 염두에 두어야 합니다.

온라인 스마트 스토어와 사이트

특징	네이버 스마트 스토어 혹은 직접 사이트를 판매하는 방식입니다.
입점 방법	네이버 스마트스토어 센터에서 네이버 계정으로 로그인하여 누구나 스마트 스토어를 제작할 수 있습니다.
장점	어느 정도 작업이 손에 익었다면, 수수료가 없어 수익률이 높은 편입니다.

단점	제품 촬영, 상세페이지 제작, 택배 포장, 택배 발송, 고객 응대 등 모두 직접해야 하므로 시간이 많이 듭니다.

이모티콘과 굿즈, 어떤 작업을 더 추천하나요?

이모티콘 작업과 굿즈 작업을 병행하면 작업 방식이 다소 다르기 때문에 힘들 때도 있습니다. 현실적으로 이모티콘 작업만을 계속하기에는 승인이나 수익성이 확실치 않고, 굿즈 작업만 하기에는 판매를 적극적으로 하지 못하면 재고가 남거나, 포장 등 잡무가 너무 많아서 지칩니다. 저도 창업을 하고 벌써 4년 정도가 흘렀지만, 아직도 어떤 작업이 우선이라고는 명확하게 답을 찾지 못한 것 같습니다.

그래서 저는 당장 우선 순위를 정하지 말고, 본인의 성향에 따라 작업 방식을 만들어가는 것이 낫다고 생각합니다. 만약에 멀티태스킹을 잘한다면 이모티콘 작업을 하면서 굿즈 작업에 대한 아이디어를 떠올릴 수도 있습니다. 그래서 저의 지인 중에도 '오전에는 이모티콘, 오후에는 굿즈!' 이런 식으로 작업을 해도 집중이 잘 된다는 분도 있었습니다. 하지만 저는 하나의 작업에 집중하는 데 시간이 오래 걸리는 편입니다. 여러 일을 동시에 시작하는 데 불안하다면, 분기나 월별로 작업 계획을 먼저 정하고 집중하는 것도 좋은 방법입니다.

프리랜서의 작업 일정에서 결국 본인이 원하는 일의 방향성이 드러납니다. 만약 프리랜서로 캐릭터 브랜드를 운영하겠다고 결심했다면, 향후 1년 간의 스케줄을 고민해 보세요. 앞서 말한 바와 같이, 멀티태스킹이 가능하다면 하루의 시간을 여러 조각으로 쪼개서 다양한 작업을 도전하면 됩니다. 반대로 멀티태스킹이 힘들다면 하루가 아니라 12개월을 분기 등으로 조각내서 다양한 작업을 도전하면 됩니다.

현직 이모티콘 작가 6인의
솔직담백 인터뷰

 걱정장인 @geockjung_master

 로브리 @roble_studio

 쭈유 @ps_zzuyou

 쩡고 @gomsik_official

 디비 @db_illust

 빵실 @bbangsil.grim

Q 안녕하세요! 이모티콘 작가가 되기까지 어떤 노력을 하셨는지 궁금해요.

회사에 다니면서 시간을 쪼개서 끊임없이 이모티콘 제안을 넣었어요! 미승인을 꽤 많이 받았지만 포기하지 않고, 트렌드를 분석하며 어떻게 제안해야 승인될지 계속 고민했어요.

제가 처음 이모티콘 만들기를 시작할 때는 참고할 책도 유튜브도 없어서 무작정 '맨땅에 헤딩' 했어요! 이모티콘을 만들 때 활용도가 높은 멘트를 찾으려고 친구들과 나눈 대화를 꼼꼼하게 살펴보고, 재밌는 주제가 떠오르면 바로 메모를 하는 습관을 만들었어요.

저는 지렁 작가님과 함께 수강한 이모티콘 강의가 기억에 남아요! 매일 출석하고 과제를 해야 해서 힘들 때도 있었지만 유익한 시간이었어요. 그리고 이모티콘 제작이 익숙해질 때까지 신규 이모티콘과 순위를 확인했어요. 특히 일상에서 쓰고 싶은 표현이 있으면 꼭 메모하거나, 간단하게라도 그림을 그렸어요.

Q 감격스러운 첫 승인의 순간! 기분이 어땠어요?

수업 도중에 승인 알람을 확인했는데요, 그날 수업이 아무것도 기억나지 않습니다. 심장이 엄청 빠르게 뛰고요. 두근두근두근!

첫 승인은 너무너무 좋았어요! 메일을 받자마자 여기저기에 자랑하고 다녔죠! 사실 제 눈에는 캐릭터가 너무 귀여워서 '그래, 승인될 줄 알았어! 너무 귀엽잖아!'라고 생각했어요.

진짜 말 그대로 'OTL' 자세로 바닥에 엎드려서 기뻐했습니다! 한 번이라도 승인을 받는 게 목표였거든요.

Q 꾸준히 이모티콘을 만드는 루틴이 궁금해요.

저는 하루에 3시간 정도는 일하려고 노력해요. 신규 이모티콘만 만드는 게 아니라, 이모티콘 홍보용 인스타툰을 주 2~3회 업로드하는 걸 지키려고 해요. 캐릭터를 노출해야 판매량을 유지할 수 있기 때문이죠!

일주일 계획을 세우고 거기에 맞춰서 움직이려고 해요. 매일 일정한 시간을 채우며 작업하기보다는 목표한 양을 해내는 걸 중심으로 일을 합니다.

저는 '매일 1시간이라도 작업하자'라는 마인드로 만들고 있습니다. 약속 전날이라면 일을 조금이라도 더 합니다. 그림을 매일 그리지 않으면 나도 모르는 사이에 의도치 않게 그림체가 변하더라구요. 조금씩이라도 꾸준히 그리시면 좋겠어요.

Q '캐릭터 이모티콘 작가'라는 직업을 사랑하는 이유가 무엇인가요?

내가 만든 캐릭터를 누군가가 일상생활에서 가깝게 사용한다는 사실이 굉장한 설렘을 주는 것 같아요. 그게 이 직업을 계속할 수 있는 원동력이 되니까요!

대중들과 내가 원하는 방식대로 자유롭게 소통할 수 있다는 점이 가장 큰 장점 아닐까요? 저는 캐릭터를 엄청 좋아해서 더 마음에 드는 것 같아요.

역시 프리랜서라는 점이 큰 장점이지 않나 싶어요. 출퇴근이 자유롭고 업무량과 마지노선도 내가 정할 수 있다!

Q 작가가 된 후로 가장 기억에 남는 순간은 언제인가요?

처음 만나는 분들이 제가 만든 캐릭터를 보고 너무 귀엽다며 제 이모티콘만 쓴다고 인사를 해주실 때 너무 기뻤어요 :) 귀여워해 주셔서 감사합니다 ㅜㅅㅜ.

순위권 진입과 통장에 꽂히는 흡족한 돈을 봤을 때.

이모티콘 플랫폼에서 첫 1등을 했던 순간입니다! 이모티콘을 기획하고 그리면서도 솔직히 위쪽의 순위들은 그저 먼 꿈이라고 생각했거든요. 그런데 제가 만든 캐릭터 이모티콘이 1등에 있는 걸 보았을 때… 정말 믿기지 않았어요. 아직도 그때를 생각하면 마음이 벅차오른답니다.

Q 미승인을 피해 가는 나만의 노하우가 있나요? 혹은 멘탈 관리법이 궁금해요.

미승인은 피할 수 없고, 멘탈이 무너져도 그냥 하시면 됩니다. 가끔 달콤한 성과가 나오면 도파민 샤워를 하듯 즐기세요. 애초에 미승인을 받는 게 이상한 일이 아니라 승인을 받는 게 이상한 일입니다.

그저 '산은 산이요 물은 물이요'라는 마인드로 왜 미승인이 됐는지 분석하고 다시 도전합니다. 매번 감정적으로 반응하기 시작하면 멘탈이 못 버티더라고요. 만약에 계속 미승인만 받는다면 잠시 내려놓고 한 템포 쉬었다 가는 것도 좋아요.

이모티콘을 제안할 때마다 '와,이건 내가 꼭 쓰고 싶다!'라고 생각하는 이모트를 하나라도 꼭 껴 놓습니다. 그리고 제출 전에 이모티콘 세트를 화면에 크게 펼쳐서 각각의 이모트가 옆에 있는 다른 모션이랑 너무 똑같아 보이진 않는지, 비슷한 모션이 연속되진 않는지 확인은 필수! 미승인 멘탈 관리법은… 딱히 없었습니다! 메일을 받고 살짝 슬퍼하다가, 주변 작가님들과 함께 미승인의 이유를 열심히 추론하다 보면 빨리 다음 제안을 하기 위해 아이디어를 짜고 있더라고요! 주변에 같이 도전하는 작가분들과 함께하는 것도 좋은 방법일 것 같아요.

Q 마지막으로, 이모티콘을 준비하는 이 책의 독자 여러분께 숨겨둔 꿀팁이나 응원의 한마디 부탁드려요!

엉덩이가 무거운 사람이 승리한다는 말이 괜히 있는 게 아니라고 생각해요! 수많은 미승인에 그만두고 싶은 생각이 드는 게 한두 번이 아니겠지만, 계속해서 분석하고 수정하다 보면 미래의 스타 작가는 여러분이 될 것이라 믿어 의심치 않아요!

너무 동떨어진 주제를 짜면 본인이 즐겁지 않으니 '나 자신'에서 파생된 주제를 짜면서 만들어 보세요!

처음에는 10~20번 이상 미승인을 받을 걸 각오하시는 걸 추천해요. 빨리 첫 승인이 된다면 너무나 기쁜 일이지만 이미 출시했던 작가님들도 다시 미승인을 많이 겪으니까요. ㅎㅎ

힘껏 응원했다가는 제 라이벌이 될 거 같으니까 적당히 응원하겠습니다! 꿀팁은 그냥 계속 미승인을 받다 보면 분노 게이지가 쌓이는데 이게 터지면 될걸요?

여러분! 너무나 좋고 행복한 직업이에요! 저도 여러 번 미승인을 받았답니다. ㅜㅜ 미승인에 굴하지 말아요, 우리!

꼭 하고 싶은 일이라면 미승인을 받아도 포기하지 마세요.